Kriegstagebuch
Alfred Körnig

Kriegstagebuch
Alfred Körnig
1917-1918

Leutnant Alfred Körnig
Kriegstagebuch Heft 8
6 Oktober 1917 - 4 April 1918
Landsturm Infanterie Bataillon XIX/24

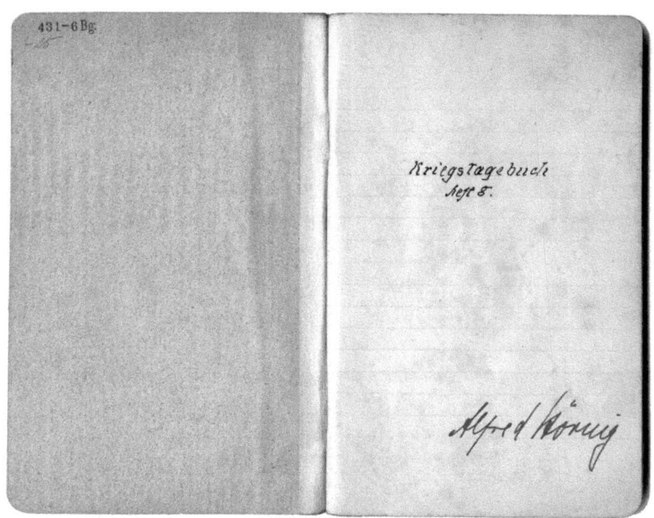

6. Oktober 1917.

Mein Urlaub ist glücklich oder besser gesagt bedauerlicherweise vorüber. Heute ist der letzte Tag. Zu schnell sind die 14 Tage vergangen, er war auch herrlich.

Morgen ist mein Rückreisetag. Ich müßte eigentlich den Urlauberzug 84 heute Abend ab Leipzig $9\frac{36}{}$ benützen. Ich müßte dazu aber schon Nachm. 3 Uhr in Bautzen wegfahren u. verlöre ½ Urlaubstag dadurch. Deshalb will ich erst morgen Abend in Leipzig wegfahren, da ich diesen einen Zug ab Leipzig benützen müßte.

6.Oktober 1917

Mein Urlaub ist glücklich - oder besser gesagt
bedauerlicherweise vorüber. Heute ist den letzten
Tag. Zu schnell sind die 14 Tage vergangen. Es war
auch herrlich. Morgen ist mein Rückreisetag. Ich
müßte eigentlich den Urlauberzug 84 heute Abend
ab Leipzig 9.36 benutzen. Ich müßte dazu aber
schon Nachm. 3 Uhr in Bautzen wegfahren und
verlöre ½ Urlaubstag dadurch. Deshalb will ich erst
morgen Abend in Leipzig wegfahren, da ich diesen
einen Zug ab Leipzig benützen muß.

Reichs-Kaffee Chemnitz (1918)

7. Oktober 1917. Sonntag.

Früh 5³¹ fahre ich in Bautzen weg
über Dresden zunächst nach Chemnitz,
wo ich eigentlich Käti an der Bahn erwarten habe. Da sie nicht da ist und ich
nicht so zeitig zu ihr gehen kann,
besuche ich erst mal meine früheren Wirtsleute. ½12 Uhr gehe ich zur Platzmusik, wohin
Käti auch glücklich kommt. Wir gehen ins
Reichsbahnen u. fahren dann nach Schönau,
wo ich bis Abend bleibe. Wir genießen
so gut es geht, die gar kurzen Stunden.
7²² fahre ich nach Leipzig. Dort suche ich mir
einen hübschen Sitzplatz in der 2. Klasse
9³⁶ geht's los.

8. Oktober 1917.

Ich sitze den größten Teil meiner
Fahrt in meiner Hütte u. schlafe.
Es ist trübe und windig. Nachen
fängt es an zu regnen. Da ich die

7.Oktober 1917. Sonntag

Früh 5.31 fahre ich in Bautzen weg über Dresden
zunächst nach Chemnitz, wo ich eigentlich Käti an
der Bahn erwartet habe. Da sie nicht da ist und ich
nicht so zeitig zu ihr gehen kann, besuche ich erst
mal meine früheren Wirtsleute. ½12 Uhr gehe ich
zur Platzmusik, wohin Käti auch pünktlich kommt.
Wir gehen ins Reichskaffee und fahren dann nach
Schönau, wo ich bis Abend bleibe. Wir genießen so
gut es geht, die paar kurzen Stunden.
7.20 fahre ich nach Leipzig. Dort suche ich mir
einen hübschen Sitzplatz in der 2.Klasse.
9.36 geht's los.

8.Oktober 1917

Ich sitze zum größten Teil der fahrt in meiner Ecke
und schlafe. Es ist trübe und windig. Nachm. fängt
es an zu regnen. Da ich die

der schon einmal gefahren bin,
als ich im März zum Rate. Sehr
liegt mir nichts daran, zum Fenster
hinauszusehen. Zufällig sehe ich
mir bei Pelter (zwischen Saarbrücken
u. Metz) den Brangtwirtster seine
Fliegerbomben. 5m weiter nach der
Bahn zu u. beide Gleise waren
zerstört gewesen. So berichtet
der Frischkorvand gerade mir
nach dem Sints des Bahndammes.
Von Metz geht 1:10 Mittag ein Schnellzug in derselben Richtung wie der
Urlauberzug, der 1:22 ab Metz fährt.
Der Schnellzug hat 110 Min. Aufenth.
bis Amagne soll der Urlauberzug d.
vorausfahren. Er fährt jedoch doch
weiter ohne den Schnellzug abzuwarten
wir springt schon über den besonders
unsern langen Aufenthalt, als ob Glötze

Strecke schon einmal gefahren bin, als ich im
März zum Bataillon fuhr, liegt mir nichts daran,
zum Fenster hinauszusehen. Zufällig sehe ich mir
bei Pelter (zwischen Saarbrücken und Metz) den
Sprengtrichter einer Fliegerbombe. 5m weiter
nach der Bahn zu und beide Gleise wären zerstört
gewesen. So berührt der Trichterrand gerade nur
noch den Fuß des Bahndammes.
Von Metz geht 1.10 Mittag ein Schnellzug in
der selben Richtung wie der Urlauberzug, der
1.32 ab Metz fährt. Der Schnellzug hat 110 Min.
Verspätung. Bis Amagne soll der Urlauberzug
voranfahren. Er fährt jedoch dort weiter, ohne den
Schnellzug abzuwarten.
Wir schimpfen schon über den bevorstehenden
langen Aufenthalt, als es plötzlich

Pelter (deutsch) = Peltre (französisch)

weitergeht. ½ 11 Uhr sind wir in
Huneville. Es stürmt u. regnet.
Der offene Jagdwagen der ...
wartet auf mich. Ich schlage den
Mantelkragen hoch u. setze mich
so, daß ich den Wind im Rücken
habe. Mitternacht bin ich im
Lager.

Damit die Pferde schnell in den
Stall kommen, nehme ich selbst
meinen Kutscher und schlage ihn
nach meinem alten Quartier.
Da ruft mich eine fremde Stimme
an u. schickt mich nach dem frü-
hern Quartier des ... Necke.
Dort liegt Fellgner im Bett u. guckt
mich dumm an, als ich hereinkomme.
Dann steht er auf, macht Feuer
u. Kaffee warm. Ich hole Kuchen
aus meinem Kutscher, u. dann

weitergeht. ½11 Uhr sind wir in Juniville. Es stürmt
und regnet. Der offene Jagdwagen der M.G.O.
wartet auf mich. Ich schlage den Mantelkragen
hoch und setze mich so, daß ich den Wind im
Rücken habe. Mitternacht bin ich im Lager.
Damit die Pferde schnell in den Stall kommen,
nehme ich selbst meinen Koffer und schleppe
ihn nach meinem alten Quartier. Da ruft mich
eine fremde Stimme an und schickt mich nach
dem früheren Quartier des H.Lt.Naske. Dort liegt
Fellgner im Bett und guckt mich dumm an, als ich
hereinkomme. Dann steht er auf, macht Feuer und
Kaffee warm. Ich hole Kuchen aus meinem Koffer,
und dann

M.G.O. - Maschinen Gewehr Offizier
H.Lt. - Herr Leutnant

gingen wir zwei, ich dachte es
wieder hinauszuschieben, nachdem
es vorher nicht weit heißen
fing.

Mein Bett will mir allerdings
gar nicht gefallen. Das brächte
flacht drückt nichts aland. Die Zeltdecke
u. Decke, die ich darüber gelegt habe,
mindern das Harte nur wenig.

9. Oktober 1917.

Früh 8 Uhr stehe ich auf. Das
erste, das ich mache, ist, daß ich
mir beim Zahnputzen zum
Saubermachen, den linken Zeigefingernagel ziemlich halb wegschneide. Seiner Anfang. Der
Schmerz wird den guten Heimats-,
kerzen stellen.

Bei meinem Wohnungswechsel
habe ich mich verbessert. Ich wohne

[gickern/pickern] wir zwei, ich damit es wieder
hineinrutscht, nachdem es vorher elend weit
draußen hing. Mein Bett will mir allerdings gar
nicht gefallen. Das Drahtgeflecht drückt elend. Die
Zeltplane und Decke, die ich darüber gelegt habe,
mindern das Harte nur wenig.

9.Oktober 1917

Früh 8 Uhr stehe ich auf. Das Erste das ich
mache, ist, daß ich mir beim Holzschneiden zum
Feuermachen den linken Zeigefingernagel ziemlich
halb wegschneide. Feiner Anfang. Den Schmerz
muß den gute Heimatskuchen stillen.
Bei meinem Wohnungswechsel habe ich mich
verbessert. Ich wohne

mit Fellgner zusammen. Wir haben Wohn- und Schlafzimmer. Im Wohnzimmer sind ein Eß- und Schreibtisch, 1 Stuhl, 1 Bank(e) und 1 Ofen. Im Schlafzimmer stehen 2 Betten, 1 Tisch u. 1 Waschtisch. Alles ist fein mit Betten versehen.

Donnerstag machte ich noch bei meinem Burg(?). Später und beim M.G.O. nun Holand zurück

Ich wurde dem Ausbildungs-Kursus zugeteilt. Ganten Nachm. schrieb ich einen Zusammenstellung über Hemmungen am M.G. ab u. machte dafür keinen Dienst mit.

Abend gehe ich mit Fellgner ins Kasino. Es ist blödsinnig stumpf-sinnig.

Nachmittag regnet es oft.

mit Fellgner zusammen. Wir haben Wohn- und
Schlafzimmer. Im Wohnzimmer sind ein Eß- und
Schreibtisch, 1 Stuhl, 1 Bank und 1 Ofen. Im
Schlafzimmer stehen 2 Betten, 1 Tisch und 1
Waschtisch. Alles ist fein mit Brettern verschalt.
Vormittag melde ich mich bei meinem Komp.
Führer und beim M.G.O. vom Urlaub zurück.
Ich werde dem Ausbildungskursus zugeteilt. Heute
Nachm. schreibe ich einen Zusammenstellung über
Hemmungen von M.G. ab und mache dafür keinen
Dienst mit.
Abend gehe ich mit Fellgner ins Kasino. Es ist
blödsinnig stumpfsinnig. Nachmittag regnet es
öfters.

Maschinengewehr- Übungen

10. Oktober 1917.

Morgen. ist von 8³⁰ – 11 Uhr Exerzieren. Die Ersatzleute, die wir von den Infanteriekompagnien bekommen haben, werden am k. G. ausgebildet. Ich lege mit den Entfernungsmesser einige Entfernungen in der Umgebung fest (zum Entfernungsschätzen).

Nachm. ist von 2 – 3 Uhr Unterricht über Schießlehre durch H. Lt. Hübner. Natürlich bis u. letzte der beiden M. G. K. kommen nicht dazu.

3 – 4 Uhr ist Exerzieren. 4 – 5 Uhr haben wir die Aussicht beim Gasvereinigen. 5¹⁰ – 5⁴⁰ müssen wir bis u. letzte ... noch exerzieren, weil wir nicht zum Unterricht gekommen sind. Mit 4 M. G. wird exerziert. Die bis

10.Oktober 1917

Vorm. ist von 8.30 - 11 Uhr Exerzieren. Die
Ersatzleute, die wir vor den Infanteriekompanien
bekommen haben, werden am M.G. ausgebildet.
Ich lege mit dem Entfernungsmesser einige
Entfernungen in den Kursübung fest (zum
Entfernungsspähen). Nachm. ist von 2-3 Uhr
Unterricht über Schießlehre durch H. Lt. Höhne.
Sämtliche Vize und Utffz. der beiden M.G.K.
kommen nicht dazu. 3-4 Uhr ist Exerzieren. 4-5
Uhr habe ich die Aufsicht beim Gewehrreinigen.
5.10-5.40 müssen wir Vize und Utffzn ½ Stunde
Nachexerzieren, weil wir nicht zum Unterricht
gekommen sind. Mit 4 M.G. wird exerziert. Die
Vize

M.G.K. - Maschinen Gewehr Kompagnie
Vize - Vize-Feldwebel
Utffz. - Unteroffizier

traten als Hauptschützen ein. Es
werden natürlich allerhand Dinge
herum gemacht. Ich lasse das Buch
[…] aus dem Waffenkasten ausleuchten,
damit ich nicht zu schwer zu tragen
habe.

Heute hat es nicht geregnet. Die
Wege sind aber noch mächtig schlammig u. grundlos.
        11. Oktober. 1917.
Österr. Kaden (Feldwebeldienstthuer)
führt heute Kachen. Auch Roland.
Ich sehe es ungern, daß ich ihn
für diese Zeit verlassen. Darum
lasse ich mich von ihm einrichten. Mittag gehe ich mit zum
Adjudanten zur Dienstaushabe.
        Nach 5 Uhr halte ich Losung.
Abend ½ 8 Uhr gehe ich mit den [Unter-]
schützen zum Lösung. Später.

treten als Gewehrführer ein. Es werden natürlich
allerhand dummheiten gemacht. Ich lasse das
Wasser aus dem Wasserkessel auslaufen, damit
ich nicht zu schwer zu tragen habe. Heute hat es
nicht geregnet. Die Wege sind aber noch mächtig
schlammig und grundlos.

11.Oktober 1917

Vzfw. Kaden (Feldwebeldiensttuer) fährt heute
Nachm. auf Urlaub. Ich habe es erreicht, daß ich
ihn für diese Zeit vertrete. Vorm. lasse ich mich
von ihm einrichten. Mittag gehe ich mit zum
Adjudanten zur Dienstausgabe. Nachm. 5 Uhr halte
ich Lohnung. Abend ½8 Uhr gehe ich mit dem
Unterschriften zum Komp.Führer.

Vzfw. - Vize-Feldwebel

Wir gehen heute nicht ins Kasino,
sondern bleiben ganz voll zu
Hause und schreiben Berichte und Tagebuch.

12. Oktober. 1913.

Von jetzt ab ist mein Dienst
ein Tag wie der andern. Morgen
8 Uhr nehme ich ein Geschäftszimmer. Als erstes schreibe ich die Tr.-
stärke. Das ist eine komplizierte
Zusammenstellung sämtlicher Leute
der Komp. getrennt nach Außen-
und Innendienst, Kommandierten, Kranken usw. Dann sehe
ich die Eingänge durch. Mittag
12 Uhr ist Dienstausgabe beim Herrn
Rittmeister. Nachm. 5 Uhr halte
ich Dienstausgabe. In der übrigen
Zeit gibt es allerhand zu tun. Abends
8 Uhr gehe ich mit Unterschriften zum

22

Wir gehen heute nicht ins Kasino, sondern bleiben
ganz reell zu Haus und schreiben Briefe und
Tagebuch.

12.Oktober 1917

Von jetzt ab ist mein Dienst ein Tag wie der Andere.
Vorm. 8 Uhr erscheine ich im Geschäftszimmer.
Als erstes schreibe ich die Iststärken. Das ist eine
komplizierte Zusammenstellung sämtlicher Leute
der Komp. getrennt nach Außen- und Innendienst,
Kommandierten, Kranken, usw. Dann sehe ich die
Eingänge durch. Mittag 12 Uhr ist Dienstausgabe
beim Herrn Rittmeister. Nachm. 5 Uhr halte ich
Dienstausgabe. In der übrigen Zeit gibt es allerhand
zu tun. Abend 8 Uhr gehe ich mit Unterschriften
zum

Iststärke - tatsächlich vorhandene Anzahl von Soldaten in
einer Einheit

Danzig. d. [...]her.

13. Oktober. 1917

Abend 7 Uhr ist Einweihung des neu
gebauten Soldatenheims. Ich gehe mit
einer Abordnung der Danzig. von 20
Mann dahin. Vortragsfolge nebenstehend.

14. Oktober. 1917.

Sonntag. — Ich merke nichts davon.
denn von früh bis Abend bin ich beschäftigt. Immer wieder kommt jemand
anders. Erst einmal Mittagsschlaf
kann ich halten. — Besonderes Ärgernis
verbereiten mir jetzt der Materialmangel zu den Stiefelarbeiten. So ist
sehr schwierig, Vorschgarn u. Leder
zu erhalten. Nägel sind augenblicklich überhaupt nicht aufzutreiben. —
Da Fellgner nächste Woche in die Rz
Stellung Unterstände setzen soll u.
Krause zu XIX/1 versetzt wird, ist

Komp.Führer.

13.Oktober 1917

Abend 7 Uhr ist Einweihung des neu gebauten
Soldatenheims. Ich gehe mit einer Abordnung
der Komp. von 20 Mann dahin. Vortragsfolge
nebenstehend.

14.Oktober 1917

Sonntag - Ich merke nichts davon. Denn von
früh bis Abend bin ich beschäftigt. Immer wieder
kommt jemand anders. Nicht einmal Mittagsschlaf
kann ich halten. Besonderes Kopfzerbrechen macht
mir der Materialmangel zu den Quartierbauten.
Es ist sehr schwierig Dachpappe und Bretter zu
erhalten. Nägel sind augenblicklich überhaupt nicht
aufzutreiben. Da Fellgner nächste Woche in der
R3 Stellung Unterstände zählen soll und Krause zu
XIX/1 versetzt wird, ist

R3 Stellung - Dritte Reservestellung
XIX/1 - Landsturm Infanterie Bataillon XIX/1

<u>Vortragsfolge</u>

zur Weihe des Soldatenheims
d. Landst. Inf. Batl. XIX /. 4

1. In der Champagne Marsch . . . . . . v. Raeke

2. Ansprache u. Weihe

3. Lieder f. Männerchor: a) Heilge Nacht . . v. Beethoven

b) Ännchen v. Tharau v. Silcher

4. Miniatur-Humoresken des Soldaten Pieske

5. Coburger Josias Marsch . . . . . . Armeemarsch

6. Lieder f. Männerchor: a) Ritters Abschied   v. Kinkel

b) In einem kühlen Grunde   Volksweise

7. Zur Weihe des Festes, Concertwalzer . . . . v. Richter

8. Turnen u. Freiübungen

9. Humoreske f. Piston-Solo

10. Grillenbanner Marsch . . . . . . v. Konzak

Vortragsfolge

zur Weihe des Soldatenheims v. Landst. Inf. Batl.
XIX/24

1. In der Champagne Marsch...v.Raeke
2. Ansprache und Weihe
3. Lieder für Männerchor:
      a) Heilige Nacht...v. Beethoven
      b) Ännchen v. Tarau...v.Silcher
4. Miniatur - Humoresken des Soldaten Piefke
5. Coburger Josias Marsch... Armeemarsch
6. Lieder für Männerchor:
      a) Ritters Abschied...v.Kinkel
      b) In einem kühlen Grunde...Volksweise
7. Zur Weihe des Festes, Concertwalzer...v. Richter
8. Turnen v. Freiübungen
9. Humoreske f. Piston - Solo
10. Grillenbanner Marsch... v.Konzak

... der Grabowiec zur Aufsicht für den
Reitunterricht u. Abexieren des
Pferdereserven da, daß ich u. Feldw.
nebst Uhlig (1. M. G. K.) uns mit Fr.
daran beteiligen sollen.

15. Oktober 1917

Vormittag 10³⁰ ist Pferddurchsicht durch
einen Oberveteriner. Sämtliche Pferde
des Batls. stehen in 2 Reihen auf einer
Wiese. Die Infanterie kompanien haben
neue Pferde bekommen. Diese werden
in die Stammrolle eingetragen. Die
anderen Pferde werden auf Rotz nachge=
sehen u. dann im Trab vorbeigeführt.

16. Oktober 1917

Nachm. reite ich ½ Stunde, um die
Mie des Reitpferd meines Kömmg. Führers
zu besorgen.

Abend gewinne ich im Doppelkopf mit
H. Major, Lt. Hornig, F.Lt. Langesch 1,40 M.

mit Grabowier zur Aufsicht für den Frühunterricht
und Nachmittag des Gewehrreinigen da, daß
ich und Feldwebel Uhlig (1.M.G.K.) uns mit
Grabowier dareinteilen sollen.

15.Oktober 1917

Vormittag 10.30 ist Pferdedurchsicht durch einen
Oberveterinär. Sämtliche Pferde des Batls. stehen in
2 Reihen auf einer Wiese. Die Infanteriekompanien
haben neue Pferde bekommen. Diese werden in
die Stammrolle eingetragen. Die andern Pferde
werden auf Rotz nachgesehen und dann im Trab
vorbeigeführt.

16.Oktober 1917

Nachm. reite ich ½ Stunde um die Mia, das
Reitpferd meines Komp.Führers zu bewegen.
Abend gewinne ich im Doppelkopf mit H. Major,
Lt. Hornig, F.Lt. Langsch 1,40 M.

Batls. - Bataillons
Doppelkopf - ein Kartenspiel
F.Lt. - Feldwebel-Leutnant

17. Oktober 1912.

Vormittag lasse ich mir vom Sattel-
meister 1 Stunde Reitunterricht geben.

Nachmittag gehe ich zum Unterricht über
Schießlehre.

Abend verzichten wir auf das Kasino
u. essen dafür mal recht gut. 7 Uhr:
Salzkartoffeln mit der gebratenen Fleischportion vom Mittagessen. 9 Uhr Bratwurst
mit Bratkartoffeln.

18. Oktober. 1912.

Als wir Abend ins Kasino kommen,
ist noch niemand da. Bei Zeiten kauft
noch Herrn Rittmeister Frege. 10¼
gehen wir nach Haus.

19. Oktober 1912.

Vormittag reite ich ¾ Stunde,
da schönes Wetter ist.

21. Oktober 1912.

Sonntag. – Nachmittag mache ich

17.Oktober 1917

Vormittag lasse ich mir vom Futtermeister 1 Stunde
Reitunterricht geben. Nachmittag gehe ich zum
Unterricht über Schießlehre. Abend verzichten
wir auf das Kasino und essen dafür mal recht
gut. 7 Uhr: Salzkartoffeln mit der gebratenen
Fleischportion vom Mittagessen. 9 Uhr Rotkraut
mit Bratkartoffeln.

18.Oktober 1917

Als wir Abend ins Kasino kommen ist erst niemand
da. Später kommt noch Herr Rittmeister Frege.
10.15 gehen wir nach Haus.

19.Oktober 1917

Vormittag reite ich ¾ Stunde, da schönes Wetter ist.

21.Oktober 1917

Sonntag - Nachmittag merke ich

wenigstens, daß Sonntag ist, da ich von
2 Uhr nicht zu tun habe, während ich
vormittag 2 Stunden arbeiten mußte.

Da Fellgner gestern Mehl von zu
Haus bekommen hat, backte ich
nachmittag zum Kaffee Pfannkuchen.
Leider erlaubte uns unser Kassenbe-
stand nicht, mehr als 1 Pfd für mir
65 Pf hineinzutun. Dafür schütte
ich ein ganzes Paket trockene Milch
hinein.

½6 Uhr raste ich ½ Stunde, um wieder
die Mia zu besagen u. zwischendurch noch
zu lernen.

Zum Abendbrot brate ich mir die
Kartoffeln vom Mittagessen u. dazu
das als Zukost gehabte Büchsenfleisch und
esse dazu ein paar Salzkartoffeln.

23. Oktober 1917.

Heute wird finsterhaft an unserem

wenigstens daß Sonntag ist, da ich von 2 Uhr nichts
zu tun habe, während ich Vormittag 2 Stunden
arbeiten mußte.
Da Fellgner gestern Mehl von zu Haus bekommen
hat, backe ich Nachmittag zum Kaffee Eierkuchen.
Leider erlaubt uns unser Kaffeebestand nicht, mehr
als 1 Ei für <u>nur</u> 65 M hineinzutun. Dafür schütte ich
ein ganzes Paket Trockenmilch hinein.
½6 Uhr reite ich ½ Stunde, um erstens die Mia zu
bewegen und zweitens noch zu lernen.
Zum Abendbrot brate ich mir die Fleischportion
vom Mittagessen und dazu das als zukost
gefaßte Büchsenfleisch und esse dazu ein paar
Salzkartoffeln.

23.Oktober 1917

Heute wird fieberhaft an unsern

Ziegelofen gebaut. Er soll fertig
werden, damit unser verwener Ofen
in einen neuen Mannschaftsbaracken
gesetzt werden kann; damit diese
bezogen werden kann. Nachmittag
4 Uhr ist er aufgebaut, nachdem
Vormittag u. gestern daran gebaut
worden ist. Als ich ihn anfeuern
wagte er auf allen Fugen, sodaß
ich gleich anfangen mußte, sämtliche
Löcher zu verschmieren. Natürlich
bekomme ich die schönsten Beschä-
digungen davon, habe aber den Vorteil, daß ich Abends eine warme
Bude habe.

       24. Oktober 1917

Nachmittag 2 Uhr reite ich nach
Juniville, um dort Bretter und
Dachpappe zu betteln. Ich habe vom,
vom Kompagnieführer unterschriebenen

Ziegelofen gebaut. Er soll fertig werden,
damit unser eiserner Ofen in eine neue
Mannschaftsbaracke gesetzt werden kann, damit
diese bezogen werden kann. Nachmittag 4 Uhr
ist er aufgebaut, nachdem Sonnabend und gestern
daran gebaut worden ist. Als ich ihn anfeure raucht
es aus allen Fugen, sodaß ich gleich anfangen
muß, sämtliche Löcher zu verschmieren. Natürlich
bekomme ich die schönsten Dreckfinger davon,
sehe aber den Vorteil, daß ich Abend eine warme
Bude habe.

24.Oktober 1917

Nachmittag 2 Uhr reite ich nach Juniville, um dort
Bretter und Dachpappe zu bestellen. Ich habe eine
vom Komp.Führer unterschriebene

Juniville (nach dem Krieg)

...gefangsbescheinigung. Es soll aber nur
gegen eine Empfangsbescheinigung mit
Bataillonsstempel übernahme geben. Auf den
Pionierpark werde ich abgewiesen, da
es dort nur Material für den Stollungs-
bau gibt. Der Parkverwalter schickt mich
ins Barackt der großen Pionies. Dort
bekomme ich Bretter u. Nägel. Dachpappe
kann er mir keine geben. Ich bin zufrieden, daß ich wenigstens etwas
erreicht habe. Zurück reite ich in
1 Stunde u. bin 5 Uhr wieder im Lager.
Abend gehen wir ins Kasino.
25. Oktober 1917.
Vormittag feuere ich unsern Ofen
an, da ich keinen Mann dazu habe,
weil die ausgehobenen Leute Schanzen
gehen müssen.
26. Oktober 1917.
Der Schmied hat für unsern Ofen

Empfangsbescheinigung. Es soll aber nur gegen
eine Empfangsbescheinigung mit Batallionsstempel
etwas geben. Auf dem Pionierpark werde ich
abgewiesen, da es dort nur Material für den
Stellungsbau gibt. Der Parkverwalter schickt mich
ins Bauamt der Gruppe Prosnes. Dort bekomme ich
Bretter und Nägel. Dachpappe kann er mir keine
geben. Ich bin zufrieden, daß ich wenigstens etwas
erreicht habe. Zurück reite ich in 1 Stunde und
bin 5 Uhr wieder im Lager. Abend gehen wir ins
Kasino.

25.Oktober 1917

Vormittag streiche ich unsern Ofen an, da ich
keinen Mann dazu habe, weil die ausgebildeten
Leute schanzen gehen müssen.

26.Oktober 1917

Der Schmied hat für unsern Ofen

nein für gekauft. Die Farbe eingesetzt
wird. Nun ist der Ofen vollkommen.

Sergeant Feyer ist von der 1. ch. S. K.
zu meiner Bedienung versetzt worden.
Nachmittag kommt er ins 6 Geschäftszimmer damit ich ihn einrichte.

27. Oktober 1917.

Ich lasse Sergeant Feyer das meiste
machen u. mache mir einen möglichst bequemen Tag. Mittag werd
ich aber 1 Stunde von H. H. Höhne
festgehalten, da die Pokordonanz Ka-
ten unterschlagen hat u. er ihn
verhört u. ein Protokoll aufnimmt.

Gegen 3 Uhr will ich ein Stück
reiten u. da schon vorn fort der
fällt es mir ein, dass ich von 3-4 Uhr
Unterricht über Zinkausgrabe am
Sandkasten habe. Ich muss also unter-
ner u. reite von 4 - ½ 5 Uhr.

eine Tür gebaut, die heute eingesetzt wird. Nun
ist der Ofen vollkommen. Sergeant Feyer ist von
der 1.M.G.K. zu meiner Komp. versetzt worden.
Nachmittag kommt er ins Geschäftszimmer damit
ich ihn einrichte.

27.Oktober 1917

Ich lasse Sergeant Feyer das meiste machen
und mache mir einen möglichst bequemen
Tag. Mittag werde ich aber 1 Stunde von H. Lt.
Höhne festgehalten, da die Postordonnanz Pakete
unterschlagen hat und er ihn verhört und ein
Protokoll aufnimmt.
Nachm. 3 Uhr will ich ein Stück reiten und bin
schon 100 m fort da fällt mir ein, daß ich von 3-4
Uhr Unterricht über Zielansprache am Sandkasten
habe. Ich muß also umkehren und reite von 4-½5
Uhr.

Abend gehen wir ins Kasino, wo
ich mit H. Petzold u. später H. Kühn
Skat spielen.

28. Oktober 1917

Sonntag. — Vormittag verschlage
ich den untern Teil der Wände mit
Papier ge[...]wehe, sodaß unser Wohnzimmer ziemlich frontal geworden ist.
Machen, will ich die Sache übergeben.
Wir rechnen u. rechnen u. können
nicht ins Reine kommen, da uns
fast 50 M. Einnahmen fehlen. Ich hätte
also aus Kiste 50 M geschafften u. sie
ausgezählt. Es wird daran liegen, daß
die Postanweisungen aus der u. in die
Heimat nicht von der Kassenverwaltung
ausgezahlt sondern wir verrechnet
werden. Am Schluß einer Dekade
ist es ziemlich einfach, das festzustellen
weil die mit dem Zahlmeister abgehen.

Abend gehen wir ins Kasino, wo ich mit Lt. Petzold
und Feldw.Lt. Kühn Skat spiele.

28.Oktober 1917

Sonntag - Vormittag verpflege ich den untern
Teil der Wände mit Papiergewebe, sodaß unser
Wohnzimmer ziemlich feudal geworden ist.
Nachm. will ich die Kasse übergeben. Wir rechnen
und rechnen und können nicht ins Reine kommen,
da ungefähr 50 M. Einnahmen fehlen. Ich hätte also
aus Nichts 50 M. geschaffen und sie ausgezahlt. Es
wird daran liegen, daß die Postanweisungen aus der
und in die Heimat nicht von der Kassenverwaltung
ausgezahlt, sondern nur verrechnet werden. Am
Schluß einer Dekade ist es ziemlich einfach, das
festzustellen weil da mit dem Zahlmeister

Skat, Doppelkopf und Artillerieskat

verschont ist. Während der Attacke ist es
aber ziemlich unheimlich.

29. Oktober 1917.

Heute muß ich wieder mit zum Exerzieren. Freilich ist es furchtbar langweilig, sich den ganzen 2½ Std. ansehen zu
müssen u. zumindest bekommt man
kalte Beine. Spaß macht es also nicht,
ist aber immer noch besser als im
Schützengraben. Deshalb macht man gute
Miene zum bösen Spiel. 8^{30} - 11 Uhr ist
Exerzieren. Nachm. 2-3 ist Unterricht
durch einen Offizier u. 3-4 habe ich den
Unterricht am Sandkasten über Zielansprache. Dann habe ich noch von ½5
bis 5 Uhr Unterricht über Geräuschmessen
an den Geschütz. 5 Uhr bin ich dann
fertig mit dem Dienst, während
ich als Feldwebel noch bis in die 7.
Stunde zu tun habe u. um 8 nach mir,

abgerechnet ist. Während der Dekade ist es aber
ziemlich umständlich.

29.Oktober 1917

Heute muß ich wieder mit zum Exerzieren. Erstens
ist es furchtbar langweilig, sich den Kram 2½
Std. ansehen zu müssen und zweitens bekommt
man kalte Beine. Spaß macht es also nicht, ist
aber immer noch besser als im Schützengraben.
Deshalb macht man gute Miene zum bösen
Spiel. 8.30-11 Uhr ist Exerzieren. Nachm. 2-3 ist
Unterricht durch einen Offizier und 3-4 habe ich
den Unterricht am Sandkasten über Zielansprache.
Dann habe ich noch von ½5 bis 5 Uhr Unterricht
über Hemmungen an die Unteroffzieren. 5 Uhr bin
ich dann fertig mit dem Dienst, während ich als
Feldwebel noch bis in die 7.Stunde zu tun hatte und
um 8 noch

mal mit Unterschriften zum König-
führer mußte.

30. Oktober 1917.

Beim Eintreten zum Exerzieren 8^{15}
ist es 1 Grad Kälte. Es hat gereift. Infolge-
dessen friert man empfindlich an
die Füße.

Mittag 1 Uhr schießt der lange Max
(ein franzö. Langrohrgeschütz) in das
Überholager, das 5 Min. von uns
entfernt ist. Seit langer Zeit wird
also wieder in unsere Nähe geschossen.
Angenehm ist das gerade nicht.

31. Oktober 1917.

Zur Feier des Reformationsfestes
bekam ich mit Köllerschem Maße einen
Kuchen, der sich heute durch Rosinen
besonders auszeichnet.

Sonst ist übrigens Schluß.

einmal mit Unterschriften zum Komp.Führer
mußte.

30.Oktober 1917

Beim Antreten zum Exerzieren 8.15 ist 1 Grad
Kälte. Es hat gereift. Infolge dessen friert man
empfindlich an die Füße.
Mittag 1 Uhr schießt der lange Max (ein französ.
Langrohrgeschütz) in das Kaiserlager, das 5 Min.
von uns entfernt ist. Seit langer Zeit wird also
wieder in unsern Nähe geschossen. Angenehm ist
das gerade nicht.

31.Oktober 1917

Zur Feier des Reformationsfestes backe ich mit
Fellgnerschem Mehl einen Kuchen, der sich heute
durch Rosinen besonders auszeichnet. Dienst ist
wie gewöhnlich.

1. November 1917.

Vorm. 8^{30} - 11 Uhr exerzieren. Nachm.
ist von 2 - 4 Uhr exerzieren. Da H. Petzold
die Unteroffiziere von 2-3 über Schießen-
beschießung unterrichtet, muß ich selbst
2 Gruppen übernehmen. Ich brülle
über den ganzen Platz weg, bleibe
in der Mitte stehen u. lasse die Leute
um mich herum exerzieren. Von
3- 4 Uhr sind wir Bezahlstrecke bei
H. Lt. Petzold. Wir zielen nach einem
Flugzeugmodell, das auf eine Stange
gesteckt ist u. den verschiedenen Lagen
gegeben werden. Es wird mit dem
Korn u. Visier   ⊕   Kimme u. ein ver-
schieben u.   senkrechter Halt gezielt
bei An-, Abschwung oder Überschießung muß
mit verschiedenen senkrechten
Kornes visiert werden. Man
muß etwas überlegen dabei. Zum

1.November 1917

Vorm. 8.30 - 11 Uhr Exerzieren. Nachm. ist von 2-4
Uhr Exerzieren. Da Lt. Pokols die Unteroffiziere
von 2-3 über Fliegerbeschießung unterrichtet, muß
ich 2 Gewehre übernehmen. Ich brülle über den
ganzen Platz weg, bleibe in der Mitte stehen und
lasse die Leute um mich herum exerzieren. Von 3-4
Uhr sind wir Vizefeldwebel bei H. Lt. Petzold. Wir
zielen nach einem Flugzeugmodell, das auf eine
Stange gesteckt ist und dem verschiedene Lagen
gegeben werden. Es wird mit dem Kreiskorn (2
Ringe und ein wagerechter und senkrechter Stab)
gezielt. Bei An-, Abflug oder Vorbeiflug muß mit
verschiedenen Punkten dieses Kreiskornes visiert
werden. Man muß etwas überlegen dabei. Zum

…schluß wird das Modell Herzwinger
tragen, während einer Dauer ziel.

Abend wird nächste Alarmbereitschaft angesagt, da mit größeren
feindlichen Patrouillenunternehmungen
u. mit einer Beschießung des Lagers
gerechnet wird.

Das Geschütz, das am 30. Okt. hier in
die Nähe geschossen hat, soll zur Auslen-
ung von Amerikanern gedient haben,
da 31 Schuß an eine Stelle geschossen
worden sind, wo gar nichts in der Nähe
ist.

2. November 1917.

Noch bei stockdunkler Nacht muß
ich aufstehen, da die Ablösung schon
7^{15} ~~zum~~ stellt u. 7^{30} zum Scharfschießen nach den Händen an der
Straße Aussonce – Heutrégisville abrückt. Ich sollte alles zum Schießen vor-

schluß wird das Modell herumgetragen,
während einer darauf zielt. Abend wird erhohte
Alarmbereitschaft angesagt, da mit größeren
feindlichen Patrouillenunternehmungen und mit
einer Beschießung des Lagers gerechnet wird.
Das Geschütz, das am 30.Oktober hier in die
Nähe geschossen hat, soll zur Anlernung von
Amerikanern gedient haben, da 31 Schuß an eine
Stelle geschossen worden sind, wo gar nichts in der
Nähe ist.

2.November 1917

Noch bei stockdunkler Nacht muß ich aufstehen,
da die Komp. schon 7.15 stellt und 7.30 zum
Scharfschießen nach den Ständen an der Straße
Aussonce - Heutregiville abrückt. Ich sollte alles
zum Schießen

Heutrégiville - Straße nach Aussonce

bereiten. Er klagt auch alles, mir
fehlt der Sanitäts-Unteroffizier. Ich
fasse deshalb eine Zigarre vom Kom.
Führer. — Die Leute, die nicht gerade
schießen, exerzieren. Ich halte die
Aufsicht dabei u. beim Futterempfang,
schätzen. 12^{15} reiten ich mit den Leuten, die geschossen haben, ins Lager.
Die letzten kommen erst 2^{35} zurück.
Nachm. habe ich mir die selten Stunde
bei der Besprechung der Schießergebn.,
ohne dabei zu sein.

Abend gehen wir ins Kasino.

3. November 1917

Heute ist wieder Scharfschießen wie
gestern. Während gestern jeder 5 Schuß
Einzelfeuer geschossen hat, schießt heute
jeder 25 Schuß Punktefeuer. Ich schieße
selbst. Da sich das Gewehr durch das Schießen erst eingearbeitet u. ich versuche,

vorbereiten. Es klappt auch alles, nur fehlt der
Sanitäts-Unteroffizier. Ich fasse deshalb eine
Zigarre vom Komp.Führer. Die Leute, die nicht
gerade schießen, exerzieren. Ich habe die Aufsicht
dabei und beim Entfernungsschießen. 12.15
rücke ich mit den Leuten, die geschossen haben,
ins Lager. Die letzten kommen erst 2.35 zurück.
Nachm. habe ich nur die halbe Stunde bei der
Besprechung der Schießergebnisse dabei zu sein.
Abend gehen wir ins Kasino.

3.November 1917

Heute ist wieder Scharfschießen wie gestern.
Während gestern jeder 5 Schuß Einzelfeuer
geschossen hat, schießt heute jeder 25 Schuß
Punktfeuer. Ich schieße selbst. Da sich das Gewehr
durch das Schießen erst einarbeitet und ich
versuche

während des Schießens zu zielen, anstatt des Gewehrs nur festzuhalten, erfüllt ich nicht. Heute sind wir bereits
11¹⁵ wieder im Lager.

Nachmittag habe ich außer der Besprechung der Schießergebnisse 1 Stunde
Unterricht im Bauthaltau.

6 Uhr kommt Kaden zu uns und
läßt uns aus Anlaß seiner Beförderung zum Offizierstellvertreter
zu 2 Flaschen Rotwein ein.

4. November 1917. (Sonntag)
Vormittag gehe ich nach Lessouce
baden. Nachmittag lese ich, schreibe
u. studiere Elektrotechnik u. Darstellende
die Geometrie.

Abend gehen wir ins Kasino, wo
es wieder stimmungsvoll ist.

5. November 1917
8³⁰ – 11 u. 2 – 4 exerzieren.

während des schießens zu zielen, anstatt das
Gewehr nur festzuhalten erfülle ich nicht.
Heute sind wir bereits 11.15 wieder im Lager.
Nachmittag habe ich außer der Besprechung
der Schießergebnisse 1 Stunde Unterricht am
Sandkasten. 6 Uhr kommt Kaden zu uns und
lädt uns aus Anlaß seiner Beförderung zum
Offizierstellvertreter zu 2 Flaschen Rotwein ein.

4.November 1917 (Sonntag)

Vormittag gehe ich nach Aussonce baden.
Nachmittag lese ich, schreibe und studiere
Elektrotechnik und Darstellende Geometrie. Abend
gehen wir ins Kasino wo es wieder stumpfsinnig
ist.

5.November 1917

8.30 - 11 und 2 - 4 Exerzieren.

6. November 1917.

Von 8-11 Uhr wird die Krankenträger-
übung erfolgen. Schießstand zwischen
Tassonce u. Heutrégiville geschossen.

Nachmittag ritt ich 2 Uhr nach
Juniville, um Baumaterial zu holen.
Ein Wagen fuhr gleichzeitig mit. Als
gerade niemand hinsieht laden
wir zu den 5 Rollen dazugegen, die
wir bekommen sollen, noch eine
hinzu. 5.30 bin ich wieder im Lager.
Nach Juniville wollte die Mähre
nicht recht laufen. Zurück aber ging
sie von allein schön behaglich.

7. November 1917

8.30 - 11 Exerzieren. 2 - 3 Unterricht
über Zielaufgaben an die Unteroffiziere. 3 - 4 Unterricht an Mannschaften.
4 - 4.30 lasse ich meine Gewehre reinigen.
Zum Abendbrot kommen wir ein

6.November 1917

Von 8-11 Uhr wird die Breitenfeuerübung
auserdem Schießstand zwischen Aussonce und
Heutregiville geschossen. Nachmittag reite ich ½2
Uhr nach Juniville, um Baumaterial zu holen. Ein
Wagen fährt gleichzeitig mit. Als gerade niemand
hinsieht laden wir zu dem 5 Rollen Dachpappe, die
wir bekommen sollen, noch eine hinzu. 5.30 bin
ich wieder im Lager. Nach Juniville wollte die Mia
gar nicht Trab laufen. Zurückzu ging sie von allein
schön lebhaft.

7.November 1917

8.30-11 Exerzieren. 2-3 Unterricht über
Zielansprache an die Unteroffizieren. 3-4
Unterricht am Sandkasten. 4-4.30 Aufsicht beim
Gewehrreinigen. Zum Abendbrot kochen wir uns

Juniville

Bratkartoffeln schon seit 3 Tagen,
da Fellgner 3 kg Kartoffeln gekauft hat.

8. November 1917.

Von 8 - 11 Uhr wird die Sicherheits-
übung gehalten. Ich schreibe die
Übung auf u. erhalte sie blendend.
Nachm. 2¼ - 4 Unterricht in der Schießhalle.
Abend gehen wir ins Kasino.

9. November 1917.

8 - 11 Schreibzimmer. 2 - 4 Unterricht.
Ich fasse von meinem Kompagnie-Führer
eine Nase, weil ich Wachtm. Misicka
vor den Leuten etwas unsanft an-
gefaßt habe, nachdem er eine saü-
mäßige Zinkbeschreibung geliefert
hatte.

10. November 1917.

Dienst wie gestern.
Nach dem Dienst werde ich zu mei-

Bratkartoffeln schon seit 3 Tagen, da Fellgner 3 kg
Kartoffeln gekauft hat.

8.November 1917

Von 8-11 Uhr wird die Tiefenfeuerübung
geschossen. Ich schieße die Übung auch und erfülle
sie blendend. Nachm. 2.30-4 Unterricht in der
Lesehalle. Abend gehen wir ins Kasino.

9.November 1917

8-11 Exerzieren. 2-4 Unterricht. Ich fasse von
meinem Komp.Führer eine Nase, weil ich Utffz.
Uliczka vor den Leuten etwas unsanft angehaucht
habe, nachdem er eine saumäßige Zielbeschreibung
geliefert hatte.

10.November 1917

Dienst wie gestern. Nach dem Dienst werde ich zu

neuen König. Führer bestellt. Auch
Ulicska hat sich über mich beschwert
weil ich ihn vor den Mannschaften
abgekanzelt habe. J. ... Hohne ...
mahnt mich, in dieser Beziehung
vorsichtig zu sein. Vergessen hat
er anscheinend, daß er mir vor ...
gar keinen gesagt hat, ich sollte
die Unteroffiziere auch mal vor
den Leuten anschnauzen wenn sie
nicht spuren wollen. Da man aber
beim Militär keine eigene Meinung haben soll u. der Vorgesetzte
immer Recht hat, sage ich nichts
davon.

11. November 1917.
Sonntag. – Ich sehe noch gründlich aus, hielt sogar Mittagsschlaf
was seit meinem Urlaub noch nicht
vorgekommen ist.

meinem Komp.Führer bestellt. Utffz. Ulicska hat
sich über mich beschwert weil ich ihn vor den
Mannschaften abgekanzelt habe. H. Lt.Höhne
ermahnt mich, in dieser Beziehung vorsichtig
zu sein. Vorgestern hat er anscheinend, daß er
mir von ein paar Tagen gesagt hat, ich sollte
die Unteroffiziere auch mal vor den Leuten
anschnauzen, wenn sie nicht spinnen wollen. Da
man aber beim Militär keine eigne Meinung haben
soll und der Vorgesetzte immer Recht hat, sage ich
nichts davon.

11.November 1917

Sonntag - Ich ruhe mich gründlich aus, halte sogar
Mittagsschlaf was seit meinem Urlaub noch nicht
vorgekommen ist.

Abend gehen wir ins Casino.

12. November 1917.

Von heute ab gibt es mehr Dienst, da sich die Leute bei dem wenigen Dienst keine Mühe gegeben haben.

Ich habe von 8–11 exerzieren, 2^{30}–4^{15} exerzieren u. 4^{15}–4^{45} Aufsicht beim Handschuhreinigen.

13. November 1917

Ich erhalte zusammen mit Fellgner den Auftrag, die schon früh ausgebildeten Leute der Kompagnie bis Ende November noch einmal durchzubilden, damit sie später Unteroffiziere werden können. Leider bekommen wir keine Unteroffiziere dazu u. müssen alles selbst machen von früh 7^{15} bis Abends 5^{30}. Das kann gut werden. Morgen soll es los gehen.

Abend gehen wir ins Kasino.

12.November 1917

Von heute ab gibt es mehr Dienst da sich die Leute
bei dem wenigen Dienst keine Mühe gegeben
haben. Ich habe von 8-11.15 Exerzieren, 2.30-
4.15 Exerzieren und 4.15-4.45 Aufsicht beim
Gewehrreinigen.

13.November 1917

Ich erhalte zusammen mit Fellgner den Auftrag, die
schon früher ausgebildeten Leute der Kompanie
bis Ende November noch einmal durchzubilden,
damit sie später Gewehrführer werden können.
Leider bekommen wir keine Unteroffiziere dazu
und müssen alles selbst machen. Von früh 7.15 bis
Nachm. 5.30. Das kann gut werden. Morgen soll es
los gehen.

14. November 1917.

Ich habe es doch noch durchgesetzt, daß ich einen Uffz. zu meinen 15 Mann bekommen haben. So brauche ich wenigstens nicht alles selbst zu machen, muß aber trotzdem den ganzen Tag bei jedem Dienst dabei sein.

Morg. 7¹⁵–9 Unterricht über M.G. 9¹⁵–11¹⁵ Zielen. Nachmittag schießen der 1. Übung.

Da von den Fahrzeugen Riemen abgeschnitten worden sind, wird Mittag nach dem Dienst eine allg. meine Quartier durchsuchung angeordnet. Bei meinem Zeug ist nichts zu finden.

15. November 1917.

Nachmittag wird die 2. Übung geschossen.

14.November 1917

Ich habe es doch noch durchgesetzt daß ich einen
Utffz. zu meinen 15 Mann bekommen habe.
So brauche ich wenigstens nicht alles selbst zu
machen, muß aber trotzdem den ganzen Tag bei
jedem Dienst dabei sein.
Vorm. 7.15-9 Unterricht über M.G. 9.15-11.15
Zielen. Nachmittag schießen der 1. Übung.
Da von den Fahrzeugen Riemen abgeschnitten
worden sind, wird Mittag nach dem Dienst eine
allgemeine Quartierdurchsuchung angeordnet. Bei
meiner Komp. ist nichts zu finden.

15.November 1917

Nachmittag wird die 2. Übung geschossen.

4 Uhr kommt der G. M. G. O. (Gruppen
Masch. Gew. Offz.), um das Ausbildungskommando zu besichtigen. Die
Besichtigung wird verschoben. Er
sieht nur Etwas zu. Auch das
gestern mäßige Schießen das erst vom
21. ab stattfinden sollte, wird auf
den 28. verschoben.

16. November.

Morg. Dienst wie vorgestern. Nachm.
wird die 3. Übung (Breitaufnahme) geschossen. Während gestern nur 2 erfüllt
hatten, erfüllten heute 11 Mann.

17. November.

Morg. Dienst wie gestern. Nachm.
sollte ich von 1^{30} – 2^{15} Unterricht über
Schießlehre. Von 2^{30} bis 4 Uhr will ich
zielen lassen. Der M. G. O. kommt
jedoch dazu u. lässt die Leute "exerzieren." Die alten Landstürmer, die ein

4 Uhr kommt der G.M.G.O. (Gruppen Masch. Gew.Offzier), um das Ausbildungskommando zu besichtigen. Die Besichtigung wird verschoben. Er sieht nur etwas zu. Auch das gefechtsmäßige Schießen, das erst vom 21. ab stattfinden sollte, wird auf den 28. verschoben.

16.November

Vorm. Dienst wie vorgestern. Nachm. wird die 3. Übung (Breitenfeuer) geschossen. Während gestern nur 2 erhällt hatten, erfüllen heute 11 Mann.

17.November

Vorm. Dienst wie gestern. Nachm. halte ich von 1.30-2.15 Unterricht über Schießlehre. Von 2.30 bis 4 Uhr will ich zielen lassen. Der M.G.O. kommt jedoch dazu und läßt die Leute exerzieren. Die alten Landstürmer, die im

solche ausgebildet worden sind, wissen
von ihrer Ausbildung nicht mehr
viel. Als der M.G.O. etwas von
ihnen verlangt, was sie bei mir
noch nicht gemacht haben, klappte es
natürlich nicht. Er macht mir Vor-
würfe, daß ich die Leute nicht ordentlich unterrichte. Als ich ihn darauf
aufmerksam machen will, daß die
Leute das bei mir noch nicht gemacht
haben, verbietet er mir das Wort.
Die Leute, die in der Heimat ausgebildet worden sind, läßt er einrücken
u. die andern noch 3/4 Std. exerzieren.
Abends 8 Uhr ist ein Kasino-Um-
trunk zur Feier des einjährigen Bestehens des Lazaretts. Es wird ein Faß
getrunken. Ich trinke mit Fellgner
zusammen, der zurückgeblieben. Die Unterhaltung ist sehr wenig. Sie besteht in

Felde ausgebildet worden sind, wissen von ihrer
Ausbildung nicht mehr viel. Als der M.G.O. etwas
von ihnen verlangt, was sie bei mir noch nicht
gemacht haben, klappt es natürlich nicht. Er macht
mir Vorwürfen, daß ich die Leute nicht ordentlich
unterrichte. Als ich ihn darauf aufmerksam machen
will, daß die Leute das bei mir noch nicht gemacht
haben, verbietet er mir das Wort. Die Leute die
in der Heimat ausgebildet worden sind, läßt er
einrücken und die anderen noch ¾ Std. exerzieren.
Abend 7 Uhr ist im Kasino Umtrunk zur Feier
des einjährigen Bestehens des Batls. Es wird nur
Sekt getrunken. Ich trinke mit Fellgner zusammen
Türkenblut. Die Unterhaltung ist sehr mieß. Die
besteht in

Türkenblut - aus Rotwein und Schaumwein gemischtes
Getränk

der Hauptsache aus gegenseitiger
Unstimmerei zwischen Ob. Höhne
u. St. Riemann. Dann flaumt
alles den Oberarzt an, weil er
keinen Rede halten will. 11 Uhr
gehe ich nach Hause. - 3 Uhr wer-
wache ich von einem fürchtbaren
Lärm, den einige Offiziere um
Lt. Hornig herum machen, um ihn
aus dem Bett zu holen, da er schon
zeitig gegangen ist.
18. November. 1917
Sonntag. - Ich lese u. studiere
den ganzen Tag.
19. November 1917
Nach dem Vormittagsdienst gehe
ich zu meinem Komp. Führer, um
mit ihm wegen der Affäre vom
Sonnabend zu sprechen. Er will es
auch dem M.G.O. vortragen u. gibt

der Hauptsache aus gegenseitiger Anflaumerei
zwischen Lt. Höhne und Lt. Riemann. Dann flaumt
alles den Oberarzt an, weil er keine Rede halten
will. 11 Uhr gehe ich nach Haus. 3 Uhr erwache ich
von einem fürchtbaren Lärm, den einige Offiziere
um Lt. Hornigs Bude machen, um ihn aus dem Bett
zu holen, da er schon zeitig gegangen ist.

18.November 1917

Sonntag - Ich lese und studiere den ganzen Tag.

19.November 1917

Nach dem Vormittagsdienst gehe ich zu meinem
Komp.Führer, um mit ihm wegen der Affäre vom
Sonnabend zu sprechen. Er will es auch dem
M.G.O. vortragen und gibt

mir vollkommen recht.

Nachmittag wird die Scheibenschießübung geschossen.

20. November 1917.
Vormittag dienst wie gewöhnlich.
Nachmittag schießen meine Leute
die Vorübung u. Scheibenschießübung.
Von 18 Mann verfehlen 5.

Abend gehen wir ins Kasino. Heute
mittag ist H. Oberarzt Kaulen 6
Geburtstag gefeiert worden. Wir
sind zunächst allein da. Dann kommen H. Petzold u. Eichler, beide sind
unverschämt voll. Später kommen
noch einige andere Herren, 6 Herren
vereinigen sich zu einem Artilleri-
stel, bei dem es äußerst lebhaft
zugeht.

21. November 1917.
Vormittag dienst wie gewöhnlich.

mir vollkommen recht. Nachmittag wird die Tiefenfeuerübung geschossen.

20.November 1917

Vormittag Dienst wie gewöhnlich. Nachmittag schießen meine Leute die Breiten und Tiefenübung. Von 18 Mann erfüllen 5.
Abend gehen wir ins Kasino. Nachmittag ist H. Oberarzt Kaulen's Geburtstag gefeiert worden. Wir sind zunächst allein da. Dann kommen Lt.Petzold und Eichler, beide sind unverschämt voll. Später kommen noch einige andre Herren, 6 Herren vereinigen sich zu einem Artillerieskat, bei dem es aüßerst lebhaft zugeht.

21.November 1917

Vormittag Dienst wie gewöhnlich.

tag ist mir eine Aufstellung,
da es morgen nach Thugny bei
Rethel zum gefechtsmäßigen Schießen geht.

22. November 1917.

5:30 Uhren. ist Abmarsch. In starker
finsterer Nacht geht es fort. Da es
gestern geregnet hat, ist alles
aufgeweicht. Es ist mir gut, daß es
bis Aussonce bergab geht, sonst
brächten unsere schwachen die Wagen
in dem Schlamme nicht fort. Von
Aussonce ab ist gepflasterte Straße.
Ich fahre, solange es bergab geht.
Über Juniville, Annelles weiter
geht es nach Thugny wo wir 11:15
eintreffen. Quartier's gibt es hier
wenig. Kein besonderes Quartier. Es ist
aber in dem Quartier von Offz.-Stall o.
Haben noch ein Bett frei, das ich

Nachmittag ist nur eine Aufstellung da es morgen
nach Thugny bei Rethel zum gefechtsmäßigen
Schießen geht.

22.November 1917

5.30 ist Abmarsch. In stockfinstere Nacht geht
es fort. Da es gestern geregnet hat, ist alles
aufgeweicht. Es ist nur gut, daß es bis Aussonce
bergab geht, sonst brächten unsere Pferde die
Wagen in dem Schlamm nicht fort. Von Aussonce
ab ist gepflasterte Straße. Ich fahre, solange es
bergab geht. Über Juniville, Annelles, Menil geht
es nach Thugny, wo wir 11.15 eintreffen. Eigentlich
gibt es für Vzfw. kein besonders Quartier. Es ist
aber in dem Quartier von Offizier-Stellvertreter
Kaden noch ein Bett frei, das ich

Menil-Annelles

mit Beschlag belegen. Nach dem
essen lasse ich mich von einer Frau,
..sin rasieren. Sie ist aus Pont
Faverger evakuiert worden.

1⁵⁰ gehe wir nach dem Schießstand.
Bis 5 Uhr wird geschossen. Meine König-
..her schießt andauernd. Beim
..llen hat es angefangen, dann habe
ich einen ..., weil die ...
nicht mit von den ... heruntergebracht worden sind, dann die 4 ...,
weil sie keine ... können
u. die Mannschaften, weil sie schlecht
schießen.

Um ½ Uhr gehe ich mit Kaden zu-
..sten. Kreuse, der ... der Schieß-
..standes ist, bleibt aber nicht lange,
da ich müde bin.

½9 Uhr krieche ich schon ins Bett.
Es ist ein ... französisches Bett

mit Beschlag belege. Nach dem Essen lasse ich
mich von einer Französin rasieren. Sie ist aus Pont
Faverger evakuiert worden.
1.30 geht es nch dem Schießstand. Bis 5 Uhr
wird geschossen. Mein Komp.Führer schimpft
andauernd. Beim Stellen hat es angefangen, dann
fasse ich einen Rüssel, weil die Hilfslafetten nicht
mit von den Fahrzeugen heruntergebracht worden
sind, dann die Utffze, weil sie keine Zielansprache
können und die Mannschaften, weil sie schlecht
schießen.
Abend 7 Uhr gehe ich mit Kaden zu Vzfw.
Krause, der Aufseher der Schießstandes ist, bleibe
aber nicht lange, da ich elend müde bin. ½9 Uhr
krieche ich schon ins Bett. Es ist ein typisches
französisches Bett

mit einer Zeltecke, die unter
die Matratze gesteckt ist u. darüber
einen kurzen Federbett, eine Bequem-
machung, wie man sie in Mitteldeutschland gar nicht kennt.

    23. November 1917.

7^{30} waren. Abmarsch nach dem Schießstand. Zunächst werden die Treffen
aufgenommen. Die Hauptschützen
gehen dann nach den Zielen, die sie
beschossen haben. Ich habe mir erst
150 m schießen lassen u. bin deshalb
schnell fertig. 9 Uhr beginnt das Schießen
wieder u. dauert bis 1 Uhr. Ich muss
wieder als Hauptschützen eintreten.
Dies Mal schießen meine Leute auch
900 m Entfernung, sodaß ich beim
Treffer-aufnehmen den weiten
Weg haben

1^{15} rücken wir ein. Nach Feldberg

mit einer Wolltecke, die unter die Matratze gestopft
ist und darüber einem kurzen Federbett, eine
Aufmachung, wie man sie in Mitteldeutschland gar
nicht kennt.

23.November 1917

7.30 Vorm. Abmarsch nach dem Schießstand.
Zunächst werden die Treffer aufgenommen. Die
Gewehrführer gehen dazu nach den Zielen, die sie
beschossen haben. Ich habe nur auf 150 m schießen
lassen und bin deshalb schnell fertig. 9 Uhr begint
das Schießen wieder und dauert bis 1 Uhr. Ich
muß wieder als Gewehrführer eintreten. Dies Mal
schießen meine Leute auf 900 m Entfernung, sodaß
ich beim Treffer-aufnehmen den weitsten Weg
haben.
1.15 rücken wir ein. Auf halben

Morgen kommt uns Lt. Krause
entgegen u. sagt, daß wir durch.
G. gleich beim Hand reinigen sollen. Wir müssen also noch einmal zurück u. die Hemden reinigen. 2 Uhr rücken wir endlich
ein. 4 15 ist Abmarsch. Kadel hat
die Führung. Die ersten Stunden geht
alles stimmungsvoll. Als aber
Kadel beim ersten Halt den Dienst
für morgen bekannt gegeben
hat (5 Uhr Wecken, 5-8 Strafexerzieren
8 Uhr Sachen reinigen), kommt
Leben in die Kolonne. Es wird
bis zuletzt gesungen. Beim großen
Halt singen wir gar Mann 4 stimmig: „Nach der Heimat möcht ich wieder" Es klingt ergreifend, ringsum ist alles still, der Mond scheint
hell u. beleuchtet alles ein wenig.

Wege kommt uns Vzf. Krause entgegen und sagt,
daß wir die M.G. gleich beim Stand reinigen
sollen. Wir müssen also noch einmal zurück und
die Gewehren reinigen. 2 Uhr rücken wir endlich
ein. 4.15 ist Abmarsch. Kaden hat die Führung.
Die erste Stunde geht alles stumpfsinnig. Als
aber Kaden beim ersten Halt den Dienst für
morgen bekannt gegeben hat (5 Uhr Wecken,
5-8 Strafschlafen, 9 Uhr Sachenreinigen),
kommt Leben in die Kolonne. Es wird bis zuletzt
gesungen. Beim großen halt singen ein paar Mann
4 stimmig: "Nach der Heimat möcht ich wieder".
Es klingt ergreifend, ringsum ist alles still, der
Mond scheint hell und beleuchtet alles ein wenig.

9¹⁵ sind wir zu Hause. Ich bin froh,
daß ich da bin. Trotzdem ich keine
Jagstik getragen habe, bin ich ordentlich müde. Man ist aber keine
großen Märsche mehr gewöhnt..

24. November 1917.

Ich lese den ganzen Tag. Gegen
2 Uhr gehe ich ins Kasernlager
zum Stinken. Da der Stinkraum
besetzt ist, gehe ich wieder nach Hause,
da ich keine Lust habe, noch ¾ Stunde
in den Wind hinzustellen, weil der
Stinkraum nicht bestellt worden ist.

25. November 1917

Ich bleibe den ganzen Tag zu Hause.
Erst Abend gehe ich ins Kasino.

Zum Abendbrot lasse ich mir Kartoffelpuffer backen.

Im Kasino ist es ziemlich leer.
Ich spiele mit H. Patzold u. Eichler Skat.

9.15 sind wir zu Haus. Ich bin froh daß ich da
bin. Trotzdem ich kein Gewehr getragen habe, bin
ich ordentlich müde. Man ist eben keine großen
Marsch mehr gewöhnt...

24.November 1917

Ich lese den ganzen Tag. Nachm. 2 Uhr gehe ich ins
Kaiserlager zum Stinken. Da der Stinkraum besetzt
ist, gehe ich wieder nach Haus, da ich keine Lust
habe, mich ¾ Stunde in den Wind hinzustellen,
weil der Stinkraum nicht bestellt worden ist.

25.November 1917

Ich bleibe den ganzen Tag zu Haus. Erst Abend
gehe ich ins Kasino. Zum Abendbrot lasse ich mir
Kartoffelpuffer backen. Im Kasino ist es ziemlich
leer. Ich spiele mit Lt. Petzold und Eichler Skat.

Stinkraum - Raum für Gasmaskenprobe

Zum Schluß verschwindet sie noch in die
Geheimnisse des Artilleriekaters ein.

26. November 1917.

Vorm. 7^{30} - 9 Uhr Unterricht. 9 - 11^{15} Fg.
exerzieren in den Baracken. 1^{45} - 5^{30}
Unterricht u. Exerzieren.

27. November. 1917.

Dienst wie gestern.

Abend 7 Uhr gehe ich nach Aussonce
in den Wintergarten ins Variété.
Der Wintergarten ist nein zum Th.,
aber ungeheuer große Scheune.
Eine Münchener Varietegesellschaft
gibt einigen Hause nachts Spiele. Ein
Herr singt einige Lieder zur Laute u.
einen Charaktersängerin tanzt einige
Künstlerlieder. Als Abwechslung in
den einigen Einakter ist das Ganze
sehr schön. Wenn man die Leistungen
der einzelnen Schauspieler betrachtet,

Zum Schluß weihen sie mich in die Geheimnisse
des Artillerieskates ein.

26.November 1917

Vorm. 7.30-9 Uhr Unterricht. 9-11.15 Exerzieren in
den Baracken. 1.45-5.30 Unterricht und Exerzieren.

27.November 1917

Dienst wie gestern. Abend 7 Uhr gehe ich nach
Aussonce in den Wintergarten ins Varieté. Der
Wintergarten ist eine zum Theater umgebaute große
Scheune. Eine Münchner Varietegesellschaft gibt
einige Hans Sachs Spiele. Ein Herr singt einige
Lieder zur Laute und eine Karaktertänzerin tanzt
einige Kinderlieder. Als Abwechslung in dem
ewigen Einerlei ist das Ganze sehr schön. Wenn
man die Leistungen der einzelnen Schauspieler
betrachtet,

Hans Sachs (1494-1576) war ein Nürnberger Schuhmacher,
Spruchdichter, Meistersinger und Dramatiker.

hat man keinen großen Genuß.

28. November 1917.

Dienst wie gestern.

Abend gehen wir ins Casino. D.J. wir wollen gehen. H. Petzold u. Eichler laden mich zu einem Skat in ihrer Wohnung ein. Ich ge= winne 45 ℳ. Eine große Neben= zeit bei mir beim Skat.

Als ich 11¹⁵ nach Haus kommen, ist zugeschlossen. Fellgner hat den Schlüssel mit ins Casino genom= men. Ich gehe noch einmal dorthin. 11³⁰ gehen die Herren. Nur Fellgner u. ich bleiben. Ich spiele noch ¼ Std. Klavier.

29. November 1917.

Mein Hausschlüssel krank ist auch gelöst worden. Die Leute sind verteilt worden.

hat man keinen großen Genuß.

28.November 1917

Dienst wie gestern. Abend gehen wir ins Kasino,
d.h. wir wollen gehen. Lt.Petzold und Eichler
laden mich zu einem Skat in ihre Wohnung ein.
Ich gewinne 45 M. Eine große Seltenheit bei mir
beim Skat. Als ich 11.15 nach Haus komme, ist
zugeschlossen. Fellgner hat den Schlüssel mit ins
Kasino genommen. Ich gehe noch einmal dorthin.
11.30 gehen die Herren. Nur Fellgner und ich
bleiben. Ich spiele noch ¼ Std. Klavier.

29.November 1917

Mein Gewehrführerkurs ist aufgelöst worden. Die
Leute sind verteilt worden.

Während des ... wird eine Gefechtsannahme gemacht. Ich mach als Baug. Führer mitmachen. Da ich mir nicht viel Mühe gebe, wird verschiedenes falsch. Ich fasse daher ein paar Zigarren.

Nachmittag ist das Ganze noch einmal. Ich bin wieder Baug. Führer. Diesmal klappt es. Bei der Annahme geht mir gar nicht, daß ich ½ Stab voraus laufen muß (1 km).

Abend werden Fillgner u. ich zu meinem Baug. Führer bestellt. Er bespricht mit uns 2 Stunden lang die Beschäftigung, die nächste Woche in Thagny sein soll. Gewöhnlich müssen wir uns sehen. Auch bietet er uns ein Glas Bier an. Sonst hätte ich es nicht ausgehalten, da er mir immer alles so ausdrückt

Während des Exerzieren wird eine
Gefechtsannahme gemacht. Ich muß als Komp.
Führer eintreten. Da ich mir nicht viel Mühe gebe,
wird verschiedenes falsch. Ich fasse dafür ein paar
Zigarren.
Nachmittag ist der Spaß noch einmal. Ich bin
wieder Komp.Führer. Diesmal klappt es. Bei besten
Annahmen paßt mir gar nicht, daß ich im Trab
voraus laufen muß (1 km).
Abend werden Fellgner und ich zu meinen Komp.
Führer bestellt. Er bespricht mit uns 2 Stunden lang
die Besichtigung, die nächste Woche in Thugny
sein soll. Glücklicherweise dürfen wir uns setzen.
Auch bietet er uns ein Glas Bier an. Sonst hätte
ich es nicht ausgehalten, da er wie immer alles so
ausdrückt

als ober er ein gar ganz Viermann
vor sich hätte.
    30. November 1917.
    Dienst wie gestern.
    Abend gehen wir ins Kasino.
    1. Dezember 1917.
    Vorm. von 8^{30}-11 exerzieren. Es
wird eifrig für die Besichtigung gearbeitet. Der Dienst ist jedoch wohl 11^{30}
zu Ende. Nachm. habe ich keinen Dienst,
reinigen die Aufsicht (2-2^{45})
    4 Uhr gehe ich nach Aussonce baden.
    2. Dezember 1917
    Sonntag. — 8 Uhr ist Abmarsch nach
Thugny. Beide M. G. K. rücken gleichzeitig ab. Sonst ist es ganz schön. Heute
Vormittags hat es mit Regnen aufgehört. In der Nacht hat es mehrmals
tüchtig gegossen. Von 10 Uhr ab wird
es stark windig, sodaß es kein Ver-

als ob er ein paar ganz Dumme vor sich hätte.

30.November 1917

Dienst wie gestern. Abend gehen wir ins Kasino.

1.Dezember 1917

Vorm. von 8.30-11 Exerzieren. Es wird mächtig
für die Besichtigung gearbeitet. Der Dienst ist
jedoch erst 11.30 zu Ende. Nachm. habe ich beim
Gewehrreinigen die Aufsicht (2-2.45).
4 Uhr gehe ich nach Aussonce baden.

2.Dezember 1917

Sonntag - 8 Uhr ist Abmarsch nach Thugny.
Beide M.G.K. rücken gleichzeitig ab. Erst ist es
ganz schön. Glücklicherweise hat es mit Regnen
aufgehört. In der Nacht hat es mehrmals tüchtig
gegossen. Von 10 Uhr ab wird es stark windig,
sodaß es kein

wenigen macht zu fahren. Trotzdem
fahre ich, so oft es bergab geht. 1¹⁵ Uhr
sind wir in Thugny. Nachmittag
wollen Kaden, Fellner und ich nach
Rethel gehen. Ich muß aber von jedem
Kompg. einen Mann da lassen. Da weshalb
wir einer gehen kann bleibt auch dieser zu Haus. Abend zeitig Schluß.

3. Dezember. 1917.

7¹⁵ ist Stallen. Die Fahrzeuge rücken
mit nach dem Schießstand. Ich jedoch
alle den Tag hinauf sind, ungefähr
1 Stunde. Da es gefroren hat, stehen wir
in der Kälte u. frieren. Endlich 8³⁰
geht es los. Meine Kompg. exerziert an
den Fahrzeugen. Als ich alles eingegangen
habe, kommt mein Kompg. Führer u.
exerziert noch einmal alles. Als er
fertig ist, kommt der M.G.O. u. läßt
noch einmal alles vorexerzieren.

Vergnügen macht zu fahren. Trotzdem fahre ich,
so oft es bergab geht. 1.15 Uhr sind wir in Thugny.
Nachmittag wollen Kaden, Fellgner und ich nach
Rethel gehen. Es muß aber von jeder Komp. ein
Vize da bleiben. Da deshalb nur einer gehen kann,
bleibt auch dieser zu Haus. Abend spiele ich Skat.

3.Dezember 1917

7.15 ist Stellen. Die Fahrzeugen rücken mit nach
dem Schießstand. Ehe jedoch alle den Berg hinauf
sind, vergeht 1 Stunde. Da es gefroren hat, stehen
wir in der Kälte und frieren. Endlich 8.30 geht es
los. Meine Komp. exerziert an den Fahrzeugen. Als
ich alles durchexerziert habe, kommt mein Komp.
Führer und exerziert noch einmal alles. Als er fertig
ist, kommt der M.G.O. und läßt noch einmal alles
vorexerzieren.

Dann mache einen kleinen Bummel. g. öffentlichen Spazieren. Dann wieder allein nach der Straße Rethel – Vouziers, von wo eine Quartiermeldung zum Hauptort gemacht wird. 1 Uhr etwa sind wir wieder in den Quartieren. 2¹⁵ ist bereits wieder Abrücken. Die Quartiermeldung soll noch einmal gemacht werden. Diesmal soll eine Sicherungsstellung bezogen werden. Danach wird noch einmal kurz gefechtsmäßig hieran gemacht und 4 Uhr eingerückt.

4. Dezember 1917.

8³⁰ Abmarsch zum Schießen. 11 Uhr sind wir zurück. Es hat wieder gefroren, jedoch es wieder Tröbeine gibt.

Nachm. 1³⁰ Abmarsch nach dem Schießstand. 2³⁰ sehen wir schon von weitem das Licht des Gaziggen h. J. 0, da werden die Schießungen noch schnell abgeschossen.

Dann macht meine Komp. geöffnetes Exerzieren.
Dann rückt alles nach der Straße Rethel-
Vouziers, von wo eine Entwicklung zum Gefecht
gemacht wird. 1 Uhr erst sind wir wieder in den
Quartieren. 2.15 ist bereits wieder Abrücken. Die
Gefechtsentwicklung soll noch einmal gemacht
werden. Diesmal soll eine Aufnahmestellung
bezogen werden. Danach wird noch einmal
kurz geöffnetes Exerzieren gemacht und 4 Uhr
eingerückt.

4.Dezember 1917

8.30 Abmarsch zum Schießen. 11 Uhr sind wir
zurück. Es hat wieder gefroren, sodaß es wieder
Eisbeine gibt. Nachm. 1.30 Abmarsch nach dem
Schießstand. 2.30 sehen wir schon von weiten
das Auto des Gruppen M.G.O., da werden die
Fahrzeugen noch schnell abgewaschen.

Die Besichtigung verläuft tadellos.
4 Uhr ist sie zu Ende. Die Gewehre
werden gereinigt u. 4³⁰ nach
dem König Friedrich bezw. Lager
abmarschiert. Es ist unergründlich kalt.
Trotzdem sehen ich gut voran. 10 Uhr sind
wir im Lager. Sofort wird eingeheizt
gemacht. Es dauert aber 1 Stunde
ehe es warm wird, da die Bude 3
Tage nicht geheizt worden ist.

5. Dezember 1917.

Heute ist Ruhetag. Es ist immer
noch sehr kalt u. dazu stark windig,
sodaß es durch die Bretter durchzieht.
Es wird deshalb gar nicht richtig warm
in unserm Zimmer.

Abend gehen wir ins Kasino, wo
es ebenfalls kalt ist.

6. Dezember 1917.

Heute geht es wieder zum 1. Mal

Die Besichtigung verläuft tadellos. 4 Uhr ist sie zu
Ende. Die Gewehre werden gereinigt und 4.30 nach
dem König Friedrich August Lager abmarschiert.
Es ist empfindlich kalt. Trotzdem fahre ich
zeitweise. 10 Uhr sind wir im Lager. Sofort wird
Feuer gemacht. Es dauert eben 1 Stunde als es
warm wird, da die Bude 3 Tage nicht geheizt
worden ist.

5.Dezember 1917

Heute ist Ruhetag. Es ist immer noch sehr kalt
und dazu stark windig, sodaß es durch die Bretter
durchzieht. Es wird deshalb gar nicht richtig warm
in unserm Zimmer. Abend gehen wir ins Kasino,
wo es ebenfalls kalt ist.

6.Dezember 1917

Heute geht es wieder zum 1.Mal

nach der Ausbildung unserer Leute
schanzen. Wir rücken ½ 5hr nach dem
Reimser Weg et an der Straße Aussonce
– Bétheniville, stehen dort Schanzzeug
u. gehen nach St. Masmes, wo wir an
K. Graben der Suippes-Stellung Schützengraben ausheben. Die Leute sind
das Schanzen nicht mehr gewöhnt,
auch ist der Boden bei Nässe schlecht
zu bearbeiten. So kommt es, daß
verschiedene Leute bis 3 Uhr ihren
Zug nicht fertig bringen. Jeder
Mann muß 2 m Graben, 1,10 m tief,
1,00 m oben u. 1,10 unten breit ausheben. Das ist ein kolossal hoher Akkord.
Nachmittag 4 Uhr bin ich wieder im
Lager.

Abend erhielt Fellgner mit der Post
einen Brief von zu Hause, in dem
er versichert, daß er zum Leutnant be-

nach der Ausbildung unserer Leute schanzen.
Wir rücken 7 Uhr nach dem Pionierdepot A an
der Straße Aussonce-Heutregiville, fassen dort
Schanzzeug und gehen nach St.Masmes, wo wir
am K-Graben der Suippes-Stellung Schützengraben
ausheben. Die Leute sind das Schanzen nicht mehr
gewöhnt, auch ist der Boden teilweise schlecht zu
bearbeiten. So kommt es, daß verschiedene Leute
bis 3 Uhr ihr Konsum nicht fertig bringen. Jeder
Mann muß 2 m Graben, 1,10 m tief, 1,80 oben
und 1,10 unten breit ausheben. Das ist ein kolossal
hoher Akkord. Nachmittag 4 Uhr bin ich wieder im
Lager.
Abend erhält Fellgner mit der Post einen Brief von
zu Haus, in dem er erfahrt, daß er zum Leutnant

Saint Masmes

fördert worden ist. Da werde ich wohl auch mit befördert worden sein. Wir werden ja morgen sehen. Zur Feier trinken wir eine Flasche Champagner.

7. Dezember 1917

Kurz 7 Uhr Abmarsch zum Schanzen. Ich arbeite mit den Leuten, die zuerst fertig sind, um 9 - bis 1 Uhr wieder im Lager. Heute ist es wenigstens nicht mehr so kalt wie die letzten Tage.

Abend werden wir auf das Verordnungsblatt mit unserer Beförderung. Es kommt aber noch nicht.

8. Dezember 1917

Ich brauche heute nicht mit zum Schanzen zu gehen. Ich bin froh, denn es hat die ganze Nacht geregnet.

Abend machen wir Änderung in unserer Liste, da wir den Schiedsrichter

befördert worden ist. Da werde ich wohl auch
befördert worden sein. Wir werden ja morgen
sehen. Zur Feier trinken wir eine Flasche
Schampus.

7.Dezember 1917

Früh 7 Uhr Abmarsch zum Schanzen. Ich rücke,
mit den Leuten die zuerst fertig sind, ein und bin 1
Uhr wieder im Lager. Heute ist es wenigstens nicht
mehr so kalt wie die letzten Tage.
Abend warten wir auf das Verordnungsblatt mit
unsere Beförderung. Es kommt aber noch nicht.

8.Dezember 1917

Ich brauche heute nicht mit zum Schanzen zu
gehen. Ich bin froh, denn es hat die ganze Nacht
geregnet. Abend machen wir Ordnung in unsrer
Bude, da wir den Adjudanten

Schampus - Champagne

mit der frohen Botschaft unserer
Beförderung erwarten. Bis ½ 9 Uhr
warten wir. Da er nicht kommt
gehen wir ins Kasino. Als wir
kurze Zeit dort sind kommt Herr
Rittmeister u. verkündet unsere
Beförderung, die dann sogleich
mit Sekt begossen wird.

9. Dezember 1917.

Sonntag. — Vormittag melden
wir uns offiziell beim Königl. Sächs.
M. G. O., Adjutant u. Rittmeister, der
in Vertretung jetzt das Batl. führt, da
Major Ostermeier auf Urlaub ist.

Wir sind zum Mittagessen beim
Stabe eingeladen. Der Herr großen M. G. O.
ist auch eingeladen. Es gibt Gänsebraten,
gestern, heißes, Zunge mit grünen
Bohnen und ein Gebäck. Danach
lassen, bei einem guten Burgunder

mit der frohen Botschaft unsrer Beförderung
erwarten. Bis ½9 Uhr warten wir. Da er nicht
kommt gehen wir ins Kasino. Als wir ¼ Stunde
dort sind kommt Herr Rittmeister und verkündet
unsere Beförderung, die dann sogleich mit Sekt
begossen wird.

9.Dezember 1917

Sonntag - Vormittag melden wir uns offiziel
beim Komp.Führer, M.G.O., Adjutant und
Rittmeister, der in Vertretung jetzt das Bataillon
führt, da Major Ackermann auf Urlaub ist. Wir
sind zum Mittagessen beim Stabe eingeladen.
Der Gruppen M.G.O. ist auch eingeladen. Es
gibt Gänseleberpastete, Suppe, Zunge mit grünen
Bohnen und ein Gebäck. Danach Kaffee. Bei einem
guten Burgunder

bleiben wir bis 7 Uhr sitzen. Nachdem
ich Abendbrot gegessen, gehe ich zu
H. Petzold, der einen jungen reizenden
Hund hat. Wir gehen zusammen
ins Kasino.

10. Dezember 1917
Morgen. 9 Uhr fahren H. G. O. Fellgner
u. ich nach der Snipper-Stellung, wo-
wo wir uns die M. G. Stände besehen,
die wir im Falle eines Alarms zu besetzen haben.

Abend wollen wir nicht ins Ka-
sino gehen. Da eben der neue Batls.-
Kommandeur die Offiziere kennen zu
lernen wünscht, müssen wir hin.
Herr Major Wetzrich ist ein sehr netter
Herr.

11. Dezember 1917.
Morgen. führten ich die Uffze. zu den
Ständen, die sie besetzen sollen.

bleiben wir bis 7 Uhr sitzen. Nachdem ich
Abendbrot gegessen, gehe ich zu Herr Petzold,
der einen jungen reizenden Hund hat. Wir gehen
zusammen ins Kasino.

10.Dezember 1917

Vorm. 9 Uhr fahren M.G.O., Fellgner und ich nach
der Suippes-Stellung, wo wir uns die M.G.Stände
ansehen, die wir im Falle eines Alarms zu besetzen
haben.
Abend wollen wir nicht ins Kasino gehen, da aber
der neue Batls. Kommandeur die Offizieren kennen
zu lernen wünscht, müssen wir hin. Herr Major
Wetzlich ist ein sehr netter Herr.

11.Dezember 1917

Vorm. fahre ich die Utffze. zu den Ständen, die sie
besetzen sollen.

Nachmittag kommt H. Höhne von
seinem Kommando nach L. Regen zurück,
da ihm befohlen, bei der er war, weggekommen ist. Nach dem Abendbrot
besuche ich ihn u. lasse den Aufnahmen
den er sich aus den Platten hat
besorgen lassen. Danach gehen wir
ins Kasino.

Unser Adjudant Herrn Leutnant
Frege ist heute vom Batl. zu einem
Transport versetzt worden.

12. Dezember 1917.

Vorm. gehe ich zu dem Kraut nach
Hl. Hermes, wo ich mir bei dem Leib-
leuten der M.G. Hefter verschiedene
Erkundungen hole, da wir den Laus
derselben übernehmen.

Vom Mittag ab bin ich Offizier
vom Lagerdienst.

Nachmittag ist große Besprechung

Nachmittag kommt H. Höhne von seinem
Kommando nach 2 Tagen zurück da die Artillerie,
bei der er war, weggekommen ist. Nach dem
Abendbrot besuche ich ihn und koste den
Apfelwein den er sich aus der Etappe hat besorgen
lassen. Danach gehen wir ins Kasino.
Unser Adjudant Herr Rittmeister Frege ist heute
vom Bataillon zu einem Baustab versetzt worden.

12.Dezember 1917

Vorm. gehe ich zu dem Stand nach St.Masmes,
wo ich mir bei dem Bauleiter der M.G. Nester
verschiedene Auskünfte hole, da wir den Bau
derselben übernehmen. Von Mittag ab bin ich
Offizier vom Lagerdienst. Nachmittag ist große
Beratung

Pont Faverger

betreffs das Schreiben der M.G. Kompanie
beim M.G.O.

Abend gehe ich ins Kasino, wo
ich mit H. Major, Oberarzt u.
Lt. Schröder Skat spiele.

13. Dezember 1917.

Ich bleibe heute im Lager,
weil ich Lagerdienst habe.

14. Dezember 1917

Auch heute gehe ich nicht in Stellung,
da an der M.G. Stellung noch nicht
gearbeitet wird u. ich sonst keinen
besonderen Auftrag habe. Ich hätte also
schon gestern Abend auf ...-urlaub
erleich fahren können, wenn mir nicht
erst 2 Tage Urlaub bewilligt worden wären.

Nachmittag 3 Uhr wollen wir mit
dem Jagdwagen des M.G.O. nach Juniville fahren. Da aber der ...

betreffs des Baus der M.G.Nester beim M.G.O.
Abend gehe ich ins Kasino, wo ich mit H.Major,
Oberarzt und Lt.Schröder Skat spiele.

13.Dezember 1917

Ich bleibe heute im Lager weil ich Lagerdienst
habe.

14.Dezember 1917

Auch heute gehe ich nicht in Stellung, da an den
M.G.Nestern noch nicht gearbeitet wird und ich
sonst keinen besonderen Auftrag habe. Ich hätte
also schon gestern Abend auf Einkleidungsurlaub
fahren können, wenn mir nicht nur 2 Tage Urlaub
bewilligt worden wären.
Nachmittag 3 Uhr wollen wir mit dem Jagdwagen
des M.G.O. nach Juniville fahren. Da aber der
Fahrschein

für Fellgner's Briefchen noch nicht unter-
schreiben ist, verspätet sich die Abfahrt
um 25 Min. dadurch kommen wir
gerade noch so mit knapper Mühe
u. Not mit dem Zuge 4³⁵ mit fort.
Da es in der letzten Nacht geregnet
hatte, sind die Wege aufgeweicht, so,
daß die Pferde nicht traben können.

Der Zug ist überfüllt. Ich suche
nach einem Sitzplatz. Da die Herren
im Abteil rauchen, haben sie ein
Fenster offen stehen. Es ist deshalb
nicht früh. In Amagne steigen 4
Herren aus. Jetzt wird auch das
Fenster geschlossen. 8³⁰ sind wir in
Charleville. Hier bleiben wir zunächst
da wir hier einen Bekleidungsstücken
einkaufen müssen. Im Hotel du Nord
lassen wir uns ein Zimmer anweisen
und gehen dann in Kastens Wein-

für Fellgner's Bursche noch nicht unterschrieben
ist, verschiebt sich die Abfahrt um 25 Min.
Dadurch kommen wir gerade noch so mit knapper
Mühe und Not mit dem Zuge 4.35 mit fort. Da
es in der letzten Nacht geregnet hatte, sind die
Wege aufgeweicht, sodaß die Pferde nicht traben
können. Der Zug ist überfüllt. Ich erwische noch
einen Sitzplatz. Da die Herren im Abteil rauchen,
haben sie ein Fenster offen stehen. Es ist deshalb
recht frisch. In Amagne steigen 4 Herren aus. Jetzt
wird auch das Fenster geschlossen. 8.30 sind wir in
Charleville. Hier bleiben wir zunächst, da wir hier
unsre Bekleidungsstücke einkaufen müssen. Im
Hotel du Nord lassen wir uns ein Zimmer anweisen
und gehen dann in Kastens Weinstube

Charleville - Hotel du Nord

...ee Abendbrot essen. Als wir 11 Uhr ins
Kaffee des Westend kommen, wird da ge-
nach Schluß gemacht. Wir gehen nun
schlafen.

15. Dezember 1917.

8 Uhr stehen wir auf, frühstücken ein,
dann u. besorgen vormittag unsre Sachen.
Mittag essen wir vorzüglich aber teuer
in Kastens Weinstube u. trinken eine Flasche
ausgezeichneten Burgunder.

Nachher gehen wir noch bis 4 Uhr ins
Theaterkaffee u. dann ins Kaffee des Westend
wo schöne Musik ist. Abendbrot wird
wieder in Kastens Weinstube eingenommen.

Eigentlich wollten wir heute Mittag
nach Lüttich fahren. Da aber morgen die
Zugverbindung rückzu schlecht ist, müssen
wir darauf verzichten.

Abend gehen wir ins Konzert (Streichmusik)

Abendbrot essen. Als wir 11 Uhr ins Kaffee des Westens kommen, wird da gerade Schluß gemacht. Wir gehen nun schlafen.

15.Dezember 1917

8 Uhr stehen wir auf, frühstücken unten und besorgen vormittag unsre Sachen. Mittag essen wir vorzüglich aber teuer in Kastens Weinstube und trinken eine Flasche ausgezeichneten Burgunder. Nachm. gehen wir erst bis 4 Uhr ins Theaterkaffee und dann ins Kaffee des Westens, wo schöne Musik ist. Abendbrot wird wieder in Kastens Weinstube eingenommen. Eigentlich wollten wir heute Mittag nach Lüttich fahren. Da aber morgen die Zugverbindung rückzu schlecht ist, müssen wir darauf verzichten. Abend gehen wir ins Konzert (Streichmusik)

Charleville - Theater und Theaterkaffee

der 101er Kapelle ins Theater. Die Kapelle
spielt sehr gut. Auch die Violinsolis eines
Oberleutnants sind sehr schön.

16. Dezember 1917.

Samstag. – Vormittag u. Nachmittag machen wir einen kleinen Bummel
durch Charleville u. Mézières. Mittag
u. Abend essen wir im alten Lokal. Auf
dem Bahnhof essen wir sogar ein 2. Mal
Abendbrot. 7 Uhr geht der Zug wieder
nach der Front u. die schönen Tage
sind vorbei. Eigentlich hatten wir von
dem Einkleidungsurlaub mehr erwartet,
hat. Es war eben auch so ganz nett.
Man hat mal 2 Tage friedensmäßig
gelebt u. ein schönes Konzert gehabt.

In Juniville müssen wir noch ½
Stunde auf den Wagen warten, der sich
unterwegs verfahren hatte.

2 Uhr gehen wir zu Bett.

der 101er Kapelle ins Theater. Die Kapelle spielt
sehr gut. Auch die Violinsolis eines Oberleutnants
sind sehr schön.

16.Dezember 1917

Sonntag - Vormittag und Nachmittag machen
wir einen kleinen Bummel durch Charleville und
Mézières. Mittag und Abend essen wir im alten
Lokal. Auf dem Bahnhof essen wir sogar ein 2.Mal
Abendbrot. 7 Uhr geht der Zug wieder nach der
Front und die schönen Tage sind vorbei. Eigentlich
hatte ich von dem Einkleidungsurlaub mehr
erwartet. Es war aber auch so ganz nett. Man hat
mal 2 Tage friedensmäßig gelebt und ein schönes
Konzert gehabt. In Juniville müssen wir noch ½
Stunde auf den Wagen warten, der sich unterwegs
verfahren hatte. ½2 Uhr gehen wir zu Bett.

17. Dezember 1917.

Um 6 Uhr stehe ich auf. Ich muß
die Bewachung über den M.G. Kasten
übernehmen. 7 Uhr beginnt die Arbeit.
Da es aber noch finster ist, gehe ich
erst 7 Uhr weg. Ich soll bis 1 Uhr draußen
bleiben, bin aber schon ½ 1 Uhr wieder
im Lager, da es mir zu dünn ist,
von ½ - 1 Uhr in dem ... herumzu-
stehen.
Mittag schlafe ich 1 Stunde. - Abend
gehen wir ins Kasino.

18. Dezember 1917.

Ich bin wieder nördlich der Luisophes
an den M.G. Kasten zwischen Pont
Favenger und St. Masmes.

19. Dezember 1917

Von Tag zu Tag richte ich heiter
und ... freuen ... . Ich weiß auch
wirklich nicht, was ich nachmund

17.Dezember 1917

Früh 6 Uhr stehe ich auf. Ich muß die Bauleitung über die M.G.Nester übernehmen. 7 Uhr beginnt die Arbeit. Da es aber noch finster ist, gehe ich erst 7 Uhr weg. Ich soll bis 1 Uhr draußen bleiben, bin aber schon ½1 Uhr wieder im Lager, da es mir zu dumm ist von 7-1 Uhr in dem Schnee herum zu stehen. Mittag schlafe ich 1 Stunde. Abend gehen wir ins Kasino.

18.Dezember 1917

Ich bin wieder nördlich der Suippes an den M.G.Nestern zwischen Pont Faverger und St.Masmes.

19.Dezember 1917

Von Tag zu Tag rücke ich später aus und früher ein. Ich weiß auch wirklich nicht, was ich während

der ganzen Sache die draußen
soll.

Abends spiele ich mit Herrn Major,
Patzold u. Eichler Skat.

20. December 1917.

Nachdem ich bisher die Stände
hin u. zurück abgegangen bin,
gehe ich für heute mit von St.
Marnes nach Tout Faverges ab
u. rücke über das Pionier Depot
B (...) ein.

Nachmittag schafft Fellgner
sich ein jungen Hund an.

Abends bitten wir H. Patzold
u. Eichler zu uns. Sie bringen
ihren jungen Hund mit. Über
beide müssen wir viel lachen.

Bald beginnt ein Artillerie Skat.
Nach Schluß der Sitzung besuchen
wir die Herren Höhne, Fink, Hesse

der ganzen Schicht da draußen soll. Abend spiele
ich mit Herrn Major, Petzold und Eichler Skat.

20.Dezember 1917

Während ich bisher die Stände hin und zurückzu
abgegangen bin, gehe ich sie heute nur von St.
Masmes nach Pont Faverger ab und rücke über das
Pionier Depot B (Posa-Höhe) ein.
Nachmittag schafft Fellgner sich ein junger Hund
an. Abend bitten wir H.Petzold und Eichler zu
uns. Sie bringen ihren jungen Hund mit. Über
beide müssen wir viel lachen. Bald begint ein
Artillerieskat. Nach Schluß der Sitzung besuchen
wir die Herren Höhne, Fink, Hesse

Saint-Masmes

und Seegnitz. Fink u. Seegnitz haben
ihre Türen noch verschlossen, jedoch
wir ihnen ein Hündchen bringen
können.

21. Dezember 1917

Da gestern die Kellungsorder
spät gekommen ist, daß die
Hollen an der Luppe(?) nur 6 m
Dicke haben sollen, ließ ich an
4 Eingängen 7 Rahmen verstreichen
lassen. Trotzdem haben sie noch 5,40 m
ganz außen oben. Da diese beiden
Räume etwas höher liegen, brauche
ich nicht zu befürchten, daß das
Grundwasser bei Nachlassen der Kälte
bis in die Hollen steigt. Diesen
wegen gehe ich zum Kommandeur
der Az Stellung, um das zu melden.
J. Sgtm. Beier ist auch damit einverstanden, nachdem ich die Garantie

und Seegnitz. Fink und Seegnitz haben ihren Türen
nicht verschlossen sodaß wir ihnen ein Ständchen
bringen können.

21.Dezember 1917

Da gestern ein Stellungsbefehl gekommen ist,
daß die Stollen an der Suippes nur 6 m Decken
haben sollen, muß ich an 4 Eingängen 7 Rahmen
rausreißen lassen. Trotzdem habe ich noch 8.40
m gewachsenen Boden. Da diese beiden Stände
etwas höher liegen, brauche ich nicht zu befürchten
daß das Grundwasser bei Nachlassen der Kälte bis
in die Stollen steigt. Diesentwegen gehe ich zum
Kommando der R3 Stellung um das zu melden.
H.Hauptmann Beier ist auch damit einverstanden,
nachdem ich die Garantie

übernommen habe. Auch über,
läßt er uns ganz, wie wir unsere
M.G. Stände bauen. Die neu an-
zufügenden M.G. Stände sollen
wir nach eigenem Gutbefinden
unter Leitung eines Unteroffiziers von A.J.R. 72 gebaut werden.

22. Dezember 1917.

Da heute Schneetreiben ist,
also weder ... sicheren noch
M.G.O. herausgeritten kommen
können, gehe ich mehr schnell
die Stände ab u. richte wieder
ein. Bei der Kälte macht es
wirklich keinen Spaß draußen
herumzukringeln.

Alle Bäume u. Gegenstände sind
von einem herrlichen Rauhreif
überzogen.

übernommen habe. Auch überläßt er uns ganz,
wie wir unsre M.G.Stände bauen. Die neu
anzufangenden M.G.Stände bauen wir nach einem
Musterstand der unter Leitung eines Unteroffiziers
von R.I.R.72 gebaut wird.

22.Dezember 1917

Da heute Pferdedurchsicht ist, also weder Komp.
Führer noch M.G.O. hinaus geritten kommen, gehe
ich nur schnell die Stände ab und rücke wieder
ein. Bei der Kälte macht es wirklich keinen Spaß
draußen herumzuglitschern. Alle Bäume und
Gegenstände sind von einen herrlichen Rauhreif
überzogen.

R.I.R.72 - Reserve-Infanterie-Regiment Nr. 72

23. Dezember 1917.

Sonntag. — Wir arbeiten heute an unseren Hunden, sollen aber doch für den 2. Feiertag frei haben, an dem die Kompagnie geschlossen Weihnachten feiern soll.

Nachmittags zog ich unser Christbäumchen an. Mein Bürschchen hantiert die Silbersachen dazu. Ich habe selbst einige Papiersterne fabriziert.

Für Resina lese ich sämtliche 24 Stücke des neuen Grammophons durchspielen.

24. Dezember 1917.

12° Kälte. — Heute 9 Uhr bin ich mit Fellgner am linken Stand. Der M.G.O. kommt geritten u. sieht sich meinen Hund an. Als er am rechten Stand außer Sicht ist, nichts

23.Dezember 1917

Sonntag - Wir arbeiten heute an unsern Ständen,
sollen aber dafü den 2.Feiertag frei haben, an dem
die Kompanie geschlossen Weihnachten feiern
soll. Nachmittag putze ich unser Christbäumchen
an. Mein Bursche spendiert die Silberfaden dazu.
Ich habe selbst einige Papiersternen fabriziert. Im
Kasino lasse ich sämtliche 24 Stücken des neuen
Grammophons durchspielen.

24.Dezember 1917

12° Kälte - Vorm. 9 Uhr bin ich mit Fellgner am
linken Stand. Der M.G.O. kommt geritten und sieht
sich meine Stände an. Als er am rechten Stand
außer sicht ist, rücke

Schnitzelbank - eine Zusammenstellung kurzer Verse, die
meist rhythmisch oder gesanglich vorgetragen werden

ich bin.

Nachmittag 6 Uhr bauen wir uns unsere Pakete auf, bescheren uns also selbst. Unser großer runder Tisch ist voll bedeckt. Es sind lauter Stollen u. Pfefferkuchen. Nachdem wir den Tisch photographiert haben, brennen wir unsere Lichter an.

Zum Abendbrot bekommt die Komp. Kartoffelsalat u. Kartoffelbrei. Die Mannschaften erhalten außerdem 8 M Kriegsbeihülfsausgaben, ½ ℔ Wurst, 1 L Bier u. 4 Zigarren.

Nach dem Abendbrot will ich 8 Uhr ins Kasino zur Weihnachtsfeier gehen, treffe eben unterwegs meinen Komp. Führer, der durch die Mannschaftsunterstände gehen will. Ich schließe mich ihm an. Er hält in jeder Hütte eine längere ich ein.

Nachmittag 6 Uhr bauen wir uns unsre Pakete auf, bescheren uns also selbst. Unser großer runden Tisch ist voll bedeckt. Es sind meist Stollen und Pfefferkuchen. Nach dem wir den Tisch photographiert haben, brennen wir unsern Baum an.

Zum Abendbrot bekommt die Kompanie Fleischkloß und Kartoffelbrei. Die Mannschaften erhalten außer dem 8 M Kontributionsgelden ½ St Wurst, 1 l Bier und 4 Zigarren.

Nach dem Abendbrot will ich 8 Uhr ins Kasino zur Weihnachtsfeier gehen, treffe aber unterwegs meinen Komp.Führer, der durch die Mannschaftsunterstände gehen will. Ich schließe mich ihnen an. Er hällt in jeder Bude eine längere

Ausgraben. Dadurch wird es ½ 11 Uhr
ehe ich ins Kasino komme. Karl
herrscht übermütigste Laune. In
vorgerückter Stunde wird eine
Schnitzelbank gesungen. Die Lichter
werden aufschließend versteigert,
für ein Licht wird 25 M. gezahlt.
Ich bleibe bis zuletzt u. gehe dann
mit zu G. Seegnitz, wo noch etliche
Frühcognacs getrunken werden.
Fellgner befällt hier die Betrunken-
heit. Ich muß ihn ½ 4 Uhr nach
Hause schaffen u. ins Bett bringen.

1. Weihnachtsfeiertag.

9 Uhr stehe ich auf.

11 Uhr gehe ich zu H. Seegnitz, bei
dem schon Hesse u. der Oberarzt
sitzen. Wir trinken alle aus einer
Tasse Kaffee u. essen Stollen dazu.
Sie sind alle verheiratet. Ich bin so

Ansprache. Dadurch wird es ½11 Uhr ehe ich ins
Kasino komme. Dort herrscht übermütigste Laune.
In vorgerückten Stunde wird eine Schnitzelbank
gesungen
Die Bilder werden anschließend versteigert. Für
ein Bild wird 25 M gezahlt. Ich bleibe bis zuletzt
und gehe dann mit zu H. Seegnitz, wo noch etliche
Eiercognaks getrunken werden. Fellgner befällt
hier die Seekrankheit. Ich muß ihn ¼4 Uhr nach
Haus schaffen und ins Bett bringen.

1. Weihnachtsfeiertag

9 Uhr stehe ich auf. 11 Uhr gehe ich zu H.Seegnitz,
bei dem schon Hesse und den Oberarzt sitzen.
Wir trinken alle aus einer Tasse Kaffee und essen
Stollen dazu. Die sind alle verkatert.
Ich bin so

ziemlich früh, da ich nicht so spät
ins Casino gekommen bin u. nicht
zu viel getrunken habe. Ich bin
froh, dass ich den 1. Feiertag nicht
so verkatert bin.

Nach dem Mittagsschlaf gehn ich zu
Herse, mit dem ich und Poldäten
heim zur Weihnachtsfeier der 1. Kömp.
u. dann ins Casino gehn, wo wir
das Grammophon loslassen.

Auch heute kommt H. Köhne zu uns,
den ich zum Abendbrot eingeladen
habe. Mein Bursche hat ein nettes
Essen zusammengestellt: Suppe und
Fleischklößchen, Kotelettbraten mit Salzkartoffeln u. Rotkraut, Kartoffelsalat
mit Würstchen und eine
Mehlspeise. Später trinken wir
noch Kaffee u. essen Kollen dazu.
bei gemütlicher Unterhaltung ver-

ziemlich frisch, da ich erst so spät ins Kasino
gekommen bin und nicht zuviel getrunken habe.
Ich bin froh, daß ich den 1.Feiertag nicht so
verkatert bin.
Nach dem Mittagsschlaf gehe ich zu Hesse, mit
dem ich ins Soldatenheim zur Weihnachtsfeier der
1.Komp. und dann ins Kasino gehe, wo wir das
Grammophon los lassen.
½7 Uhr kommt H.Höhne zu uns den ich zum
Abendbrot eingeladen habe. Mein Bursche hat
ein nettes Essen zusammengestellt: Suppe mit
Kartoffeln und Rotkraut, Kartoffelsalat mit
Wurstschnitten und eine Mehlspeise. Später trinken
wir noch Kaffee und essen Stollen dazu. Bei
gemütlichen Unterhaltung

geht die Zeit sehr rasch.

2. Feiertag.

Ich stehe zeitig auf, um in
die Revierstunde zu gehen, da ich
mir gestern den Fuß vertreten
habe. Es ist jedoch nicht schlimm.
Der Knöchel wird mit dem Allerweltsmittel Jodtinktur eingeschmiert.
Außerdem bin ich 1 Tag zum inneren
Dienst geschrieben.

Abends 8 Uhr hat meine Komp.
Weihnachtsfeier im Soldatenheim. Die
... Kapelle spielt sich ein paar Stücke
ab. Der Männerchor (von J. Major geleitet) singt 2 Lieder. Der Komp. Führer
hält eine Ansprache u. ein paar humoristische Vorträge werden gehalten. Danach
gehen wir ins Kasino, wo ich mit
Oberarzt Schröter u. Koenig Vogel,
nach Hause.

vergeht die Zeit sehr rasch.

2.Feiertag

Ich stehe zeitig auf, um in die Revierstundezu
gehen, da ich mir gestern den Fuß vertreten habe.
Es ist jedoch nicht schlimm. Der Knöchel wird mit
dem Allerweltsmittel Jodtinktur eingeschmiert.
Außerdem bin ich 1 Tag zum innern Dienst
geschrieben.
Abend 8 Uhr hat meine Kompanie Weihnachtsfeier
im Soldatenheim. Die Batls. Kapelle quält sich ein
paar Stücke ab. Der Männerchor (vom H.Major
geleitet) singt 2 Lieder. Der Komp.Führer hält eine
Ansprache und ein paar humoristische Vorträge
werden gehalten. Danach gehen wir ins Kasino, wo
ich mit Oberarzt, Schröter und Hornig Doppelkopf
spiele.

27. Dezember 1917.

Ich bleibe den ganzen Tag zu Haus, um meinen Fuß zu schonen.

28. Dezember 1917.

Nach Mittag habe ich Lagerdienst (genannt Lagerbinnendienst). 12⁴⁵ muß ich die Wache aufführen. Das geschieht sehr einfach. Man läßt sich melden u. dann nach dem Wachlokal abrücken. Für die nächsten 24 Stunden bin ich für Ordnung im Lager verantwortlich. Außerdem habe ich in der Nacht 2 mal die Posten zu kontrollieren.

Im Kasino spiele ich mit Fink Schach. Wir gewinnen jeder eine Partie.

29. Dezember 1917.

Da H. Major Klotz spielt, besuche ich ihn, lasse mir seine Bogen-Klötze zeigen

27.Dezember 1917

Ich bleibe den ganzen Tag zu Haus, um meinen Fuß
zu schonen.

28.Dezember 1917

Von Mittag habe ich Lagerdienst (genannt
Lagerbierdienst). 12.45 muß ich die Wache
aufführen. Das geschieht sehr einfach. Man
läßt sich melden und dann nach dem Wachlokal
abrücken. Für die nächsten 24 Stunden bin ich für
Ordnung im Lager verantwortlich. Außerdem habe
ich in der Nacht 2 mal die Posten zu kontrollieren.
Im Kasino spiele ich mit Fink Schach. Wir
gewinnen jeder eine Partie.

29.Dezember 1917

Da H.Major Flöte spielt besuche ich ihn, lasse mir
seine Böhm-Flöte zeigen

und nehme ein Piccola-Stück mit,
um es durchzuspielen, das wir dann
zusammenspielen wollen.

30. Dezember 1917

Sonntag. – Ich genieße den arbeitsfreien Tag noch einmal, denn
morgen muß ich wieder einrücken.

31. Dezember 1917.

Vormittag bin ich in Stellung.
Nachmittag dichte ich ein ganz
lustiges Gedicht zu dem Ulk-geschenk,
das ich Flbw.-Lt. Langsch geben muß.
Abend 8 Uhr ist begonnt die Sylvester-
feier im Kasino. 9 Uhr werden die
Geschenke verlost. Ich bekomme 1 Bierglas,
1 Tassentasse u. 1 Dtzd. Regierprospekt.
Danach verliest J. Seguin ein humoristisches Gedicht, in dem jeder und einzeln,
dichterisch wird. Ich werde mit meiner
Glatze angeflennt. Dann werden die

und nehme ein Pikkola-Duett mit um es
durchzuspielen, das wir dann zusammenspielen
wollen.

30.Dezember 1917

Sonntag - Ich genieße den arbeitsfreien Tag noch
einmal, denn morgen muß ich wieder ausrücken.

31.Dezember 1917

Vormittag bin ich in Stellung. Nachmittag dichte
ich ein paar Knüppelverse zu dem Ulkgeschenk
das ich Fldw.Lt. Laugsch geben muß. Abend
8 Uhr beginnt die Sylvester-Feier im Kasino.
9 Uhr werden die Geschenke verlost. Ich
bekomme 1 Bierglas, 1 Kaffeetasse und 1 dtzd.
Papierservietten. Danach verliest H.Seegnitz
ein humoristisches Gedicht, in dem jedem eins
ausgewischt wird. Ich werde mit meiner Glatze
angeflaumt. Dann werden die

...geschenke verteilt. H. Seeguth verliest die dazu gehörigen Gedichte.
12 Uhr spielt die Musik: Nun danket
alle Gott, Herr Major spricht ein paar
Worte und das neue Jahr ist da.
Bis 2 Uhr bleiben die letzten zusammen. Dann geht es zum Oberarzt
zu H. Schröter, Petzold, Riemann u.
Fink, die alle noch einmal munter
gemacht werden. 3^{15} bin ich zu Haus.

1918

1. Januar.
Heute wird nicht gefechtet.
Zu dem ½ 11 Uhr verabredeten Früh-
schoppen sind nur Fellgner und ich da.
Mit dem Oberarzt u. H. König besuchen
wir Hesse, Fink und Seeguth, die ge-

Ulkgeschenke verteilt. H.Seegnitz verlieht die dazu gehörigen Gedichte. 12 Uhr spielt die Musik: Nun danket alle Gott, Herr Major spricht ein paar Worte und das neue Jahr ist da. Bis 2 Uhr bleiben die letzten zusammen. Dann geht es zum Oberarzt, zu H.Schöter, Petzold, Riemann und Fink, die alle noch einmal munter gemacht werden. 3.15 bin ich zu Haus.

1918

1.Januar

Heute wird nicht geschanzt. Zu dem ½11 Uhr verabredeten Frühschoppen sind nur Fellgner und ich da. Mit dem Oberarzt und H.Hornig besuchen wir Hesse, Fink und Seegnitz, die

... da entstanden sind.

Abend bleiben wir zu Haus u. brennen noch einmal unsern Christbaum an.

1. Januar 1918

Morm. gehe ich zum Schanzen.

Abend Heinrich mit Fink, Petzold und Eichler ... dann ...

3. Januar

Heute gehe ich nicht zum Schanzen, da ich mich neuerdings mit Offz. ...,
Kaden u. ... Grabowicz in die Aufsicht Morm. u. Nachm. teile. Jeder übernimmt allemal eine Schicht. Dadurch gehe ich heute nicht, morgen gehe ich Morm. u. übermorgen Nachm. Dann kommt wieder ein freier Tag.

4.5. Januar.

Da J. Köhne sich heute Morm. unser Hände alle ansehen will, gehe ...

gerade aufgestanden sind. Abend bleiben wir zu Haus und brennen noch einmal unsern Christbaum an.

2.Januar 1918

Vorm. gehe ich zum Schanzen. Abend spiele ich mit Fink, Petzold und Eichler Doppelkopf und dann Skat.

3.Januar

Heute gehe ich nicht zum Schanzen, da ich mich neuerdings mit Offz.Stellv. Kaden und Vzfw. Grabowicz in die Aufsicht Vorm. und Nachm. teile. Jeder übernimmt allemal eine Schicht. Dadurch gehe ich heute nicht, morgen gehe ich Vorm. und übermorgen Nachm. Dann kommt wieder ein freien Tag.

4.Januar

Da H.Höhne sich heute Vorm. unsre Stände alle ansehen will, gehe

ich hören. ... Hagen. Hinaus.
Hagen. Sind wir ... G. Offiziere
4 Uhr zu Herrn Böhme bestellt, der
H. Hornig während seines Urlaubs
vertritt. Bis ½6 Uhr werden dienstliche Sachen besprochen. Dann kommen
nach u. nach der Oberarzt, Schröter,
Fink u. Hornig. Zunächst gratulieren wir dem Geschwader dem
H. Böhme aus der Flaggschal Sal u. dann
wird noch ein Glas Cognac getrunken.
5.6 Januar.

Ich gehe heute nicht zum Schanzen,
sondern nutze die freie Zeit aus,
um nach Aussonce baden zu gehen.

Im Kasino ist wieder ein reel
Betrieb. Ich bleibe bis 3 Uhr, nach dem
ich mit Fink, Petzold u. Eichler Skat;
... Skat gespielt habe u. verschiedene
... Schnaderhüpferl gesungen haben.

ich Vorm. statt Nachm. hinaus. Nachm. sind wir
M.G.Offiziere 4 Uhr zu Herrn Höhne bestellt der
H.Hornig während seines Urlaub vertritt. Bis ½6
Uhr werden dienstliche Sachen besprochen. Dann
kommen nach und nach der Oberarzt, Schröter,
Fink und Hornig. Zunächst probieren wir den
Apfelwein den H.Höhne aus der Etappe hat und
dann wird noch ein Eierkognac getrunken.

5.Januar

Ich gehe heute nicht zum Schanzen, sondern nutze
die freie Zeit aus, um nach Aussonce baden zu
gehen. Im Kasino ist wieder einmal Betrieb. Ich
bleibe bis 3 Uhr, nachdem ich mit Fink, Petzold
und Eichler Artillerieskat gespielt habe und wir
stundenlang Schnadahüpferl gesungen haben.

Schnadahüpferl sind improvisierte meist vierzeilige deutsche
Scherz- und Spottliedchen

Als Riemann nach Hause geht, lausche
ich voraus, ringle meine Uhr ab
u. warte bis er kommt. Nachdem er
versucht hat, hereinzukommen
ziehe ich den Riegel zurück u. klettere
zum Fenster hinaus.

7. Januar 1918.

vorm. gehe zu H. Hptm. Beier zum
kommando der Kz Abtlüng u. be-
sprach mit ihm den Bau der Hallen.
In der Nacht hat es angefangen
zu regnen u. regnet den ganzen
Tag. Ich bin deshalb froh, als ich mit
der zu Hause bin u. heute nicht zu
unsern Hallen zu gehen brauche.
Abend fängt es an zu schneien
der Schnee bleibt auch trotz des R.,
ganz vorher liegen.

8. Januar 1918

Mein Geburtstag. — vorm. ½ 9 Uhr

Als Riemann nach Haus geht laufe ich voraus, riegle seine Bude ab und warte bis er kommt. Nachdem er versucht hat, hereinzukommen ziehe ich den Riegel zurück und klettre zum Fenster hinaus.

7.Januar 1918

Vorm. gehe zu H. Hptm. Beier zum Kommando der R3 Stellung und bespreche mit ihm den Bau der Stollen. In der Nacht hat es angefangen zu regnen und regnet den ganzen Tag. Ich bin deshalb froh, als ich wieder zu Haus bin und heute nicht zu unsern Stollen zu gehen brauche. Abend fängt es an zu schneien. Der Schnee bleibt auch trotz des Regens vorher liegen.

8.Januar 1918

Mein Geburtstag - Vorm. ½9 Uhr

erscheint die Catte. Klagelle vor
meinem Herde u. bringt mir ein
Ständchen, während ich Kaffee trinke.
Dann lese ich bis Mittag. Nach
dem Essen gehe in Vorlesung. Ich
gehe scharf, sodaß ich nach 2½
Stunden wieder zurück bin.
Es ist eine herrliche Winterlandschaft. Die Bäume sind schon
mit Schnee bedeckt. Gestern
hatte es den ganzen Tag geregnet,
in der Nacht aber wieder mächtig
geschneit.
Nach dem Kaffee besuchen mich
einige Herren, um mir zu gratulieren. Zum Abendbrot habe
ich meinen König. Fischer eingeladen. Mein Bürsche hat heute früh
ein Kaninchen gefangen, das den
festgebratenen markieren muß.

erscheint die Bataillons Kapelle vor meiner Bude
und bringt mir ein Ständchen, während ich Kaffee
trinke. Dann lese ich bis Mittag. Nach dem Essen
gehe in Stellung. Ich gehe scharf, sodaß ich nach
2½ Stunden wieder zurück bin. Es ist eine herrliche
Winterlandschaft. Die Bäume sind schwer mit
Schnee bedeckt. Gestern hatte es den ganzen
Tag geregnet, in der Nacht aber wieder mächtig
geschneit.
Nach dem Kaffee besuchen mich einige Herren
um mir zu gratulieren. Zum Abendbrot habe ich
meinen Komp.Führer eingeladen. Mein Bursche
hat heute früh ein Kaninchen gefangen, das den
Festtagsbraten markieren muß.

Aussonce

9 Uhr gehen wir ins Kasino, wo
ich bis ½3 Uhr bleibe. Ich wäre
gern eher gegangen, muß aber
dann befürchten, aufgehoben zu
werden.

9. Januar 1918

Morgen. 10 Uhr reite ich mit H. Köhn
nach dem Kreuzberg, um einen
M. G. Stand auszusuchen.

Im Kasino bleiben wir wieder
~~im Kasino~~ bis ½3 Uhr, da der
kleine Doktor vom Urlaub zurück ist
u. wir Artillerie Skat spielen.

10. Januar 1918

Ich gehe zum Arzt u. lasse mir
einen Salbenverband an den rechten Fuß machen, da mich der Stiefel
gedrückt hat. Natürlich kann ich
so nicht ausrücken u. pflege mich
wieder ein paar Tage.

9 Uhr gehen wir ins Kasino, wo ich bis ½3 Uhr bleibe. Ich wäre gern eher gegangen, muß aber dann befürchten, ausgehoben zu werden.

9.Januar 1918

Vorm. 10 Uhr reite ich mit H.Höhne nach dem Weinberg, um einen M.G.Stand auszusuchen. Im Kasino bleibe ich wieder bis ½3 Uhr, da der kleine Doktor vom Urlaub zurück ist und wir Artillerie Skat spielen.

10.Januar 1918

Ich gehe zum Arzt und lasse mir einen Salbenverband an den rechten Fuß machen, da mich der Stiefel gedrückt hat. Natürlich kann ich so nicht ausrücken und pflege mich wieder ein paar Tage.

Abend habe ich die Offiziere zu
einem faß Bier eingeladen. Es
will nicht die rechte Stimmung
aufkommen, weil H. Major zu
müde ist u. im Bier kein Alkohol.

11. Januar 1918
Abend klebten wir zu Hause u.
entwickeln platten.

12. Januar 1918
Nachmittag begleitet mich Dr. Hertens
1½ Stunde zur Höh.
Abend spiele ich im Kasino Vogel,
bagh. danach wird bis 12 Uhr geknobelt,
ball.

13. Januar 1918
Samstag. Nach dem Kaffee beglei-
tet mich Dr. Hertens im Kasino
zur Höh. Abend spiele ich mit
Hesse u. Eichler ~~vagse~~ Skat im
Kasino.

Abend habe ich die Offiziere zu einem Faß Bier
eingeladen. Es will nicht die rechte Stimmung
aufkommen, weil H.Major zu müde ist und im Bier
kein Alkohol.

11.Januar 1918

Abend bleiben wir zu Hause und entwickeln
Platten.

12.Januar 1918

Nachmittag begleitet mich Dr. Mertens 2½ Stunde
zur Flöte. Abend spiele ich im Kasino Doppelkopf.
Danach wird bis 12 Uhr geknobelt.

13.Januar 1918

Sonntag. Nach dem Kaffee begleitet mich Dr.
Mertens im Kasino zur Flöte. Abend spiele ich mit
Hesse und Eichler Skat im Kasino.

14. Januar 1918

Vorm. mache ich einen Versuch,
in die Stellung zu gehen, der mir
aber sehr schlecht bekommt. Mein
[...] ist dadurch schlimmer geworden
als er zu Anfang war.

4–6 Uhr spiele ich mit Fr. Mertens
zusammen für [...]-Flöte u. Klavier.

6–[...] Uhr gehe ich in die Singstunde
die der H. Major leitet. Es wurden
4 stimmige Lieder gesungen.

Im Kasino spiele ich mit Fr. Mertens
die [Musikalischen] [...] ziemlich
kurz.

15. Januar 1918

Vorm. besuche ich Fr. M. – Fellgner
photographiert ihr Zimmer.

Mittag bekomme ich 3 Geburtstagspakete.

Zum [...] habe ich [...] kleinen [...]

14.Januar 1918

Vorm. mache ich einen Versuch in die Stellung zu
gehen, der mir aber sehr schlecht bekommt. Mein
Fuß ist dadurch schlimmer geworden als er zu
Anfang war.
4-6 Uhr spiele ich mit Dr. Mertens zusammen im
Kasino Flöte und Klavier.
6-½8 Uhr gehe ich in die Singestunde die der
H.Major leitet. Es werden 4 stimmige Lieder
gesungen. Im Kasino spiele ich mit Dr. Mertens die
Musikalische Edelsteine ziemlich durch.

15.Januar 1918

Vorm. besuche ich Dr. M. - Fellgner
photographiert sein Zimmer. Mittag bekomme ich
3 Geburtstagspakete. Zum Kaffee habe ich den
kleinen Dr.

eingeladen.

Abend wird ein Kasino aus Artillerie
Mess gespielt, die Hesse morgen vor
in Stellung geht.

16. Januar 1918

Ich lasse mich krank schreiben,
da ich mit meinem Lisp nicht fort,
gehen kann.

Nachm., begann ich die Wände
unseres Wohnzimmers mit Rand
zu bemalen.

18. Januar 1918

Morg. wird das Zimmer vollends
tapeziert. Es sieht jetzt sauber,
dingt fürstlich aus.

19. Januar 1918

Abend hat H. v. Pinkert die im
Lager anwesenden Herren zu einer
Flasche Wein zur Feier seines A. R.
eingeladen.

eingeladen.
Abend wird im Kasino ein Artillerie Skat gespielt,
da Hesse morgen vor in Stellung geht.

16.Januar 1918

Ich lasse mich krank schreiben, da ich mit meinem
Fuß nicht fortgehen kann. Nachm. bepanne ich die
Wände unsere Wohnzimmer mit Sandsäcken.

17.Januar 1918

Vorm. wird das Zimmer vollends tapeziert. Es sieht
jetzt unbedingt fürstlich aus.

19.Januar 1918

Abend hat H. Pinkert die im Lager anwesenden
Herren zu einer Flasche Wein zur Feier seines A.R.
eingeladen.

21. Januar 1917

Abend spielten J. Major, Doktor
u. ich einige Märsche u. andere kleine Sachen mit 2 Flöten u. Clavier.

25. Januar 1917

H. Major machte uns die betrübende Mitteilung, daß er wieder von uns wegkommt. An
seiner Stelle soll Jhgten. Quack der
Sache führen. Wir bedauern alle
sehr, daß wir ihn verlieren.

Da Hesse wieder im Lager ist,
steigt heute Abend ein Artilleri-
stfest.

26. Januar. 1918

Nachmittag 6 Uhr ist Vorfeier
von Käthes Geburtstag im Soldatenheim. Ich singe in dem 4 stimmigen
Chor mit u. trage ein solo für
Piccoloflöte mit Orchesterbegleitung vor

21.Januar 1917 [1918]

Abend spielen H.Major, Doktor und ich einige
Märsche und andre kleine Sachen mit 2 Flöten und
Klavier.

23.Januar 1917 [1918]

H.Major macht uns die betrübende Mitteilung, daß
er wieder von uns wegkommt. An seiner Stelle soll
Hauptmann Querk das Batl. führen. Wir bedauern
alle sehr, daß wir ihn verlieren. Da Hesse wieder im
Lager ist steigt heute Abend ein Artillerieskat.

26.Januar 1918

Nachmittag 6 Uhr ist Vorfeier von Kaisers
Geburtstag im Soldatenheim. Ich singe in dem
4 stimmigen Chor mit und trage ein Solo für
Piccolaflöte mit Orchesterbegleitung vor.

das Solo hat sehr gut gefallen. Ich
werde den nächsten Befall am
Abend.

Fellgner erhält das E. K. II.

Nach dem Abendbrot wird im
Kasino vorgefeiert. Z. Höhne
macht solche Dummheiten, daß uns
allen der Bauch vor Lachen weh tut.
3 Uhr gehe ich nach Haus.

27. Januar 1915

Morgens 9 Uhr ist Paradenmarsch der
besten M. G. K. vor H. Major.
Da ich noch krank bin, sehe ich nur
zu.

12 30 ist Offiziersnach im Kasino.
Ich lege mich dann hin, werde
aber 2 Uhr geweckt da ich ins Kasino
kommen soll. Dort sitzen wir
beim Kaffee. Später noch vom Mittagessen
beim Mageritsch Essen, von dem wir

Das Solo hat sehr gut gefallen. Ich ernte den reichsten Beifall am Abend. Fellgner erhielt das E.K.II. Nach dem Abendbrot wird im Kasino vorgefeiert. H.Höhne macht solche Dummheiten, daß uns allen der Bauch vor Lachen weh tut. 3 Uhr gehe ich nach Haus.

27.Januar 1918

Vorm. 9 Uhr ist Parademarsch der beiden M.G.K. vor H.Major. Da ich noch Krank bin, sehe ich nur zu.
12.30 ist Offizierswahl im Kasino. Ich lege mich dann hin, werde aber ¼4 Uhr geweckt, da ich ins Kasino kommen soll. Dort sitzen die Komp.Führer noch vom Mittagessen beim Bayrisch Bier, von dem wir

E.K.II - Eisernes Kreuz IIe Klasse

von den Herren uns Fläschchen bekommen haben. Das ist wenigstens
noch ein Bier, das man trinken
kann, im Gegensatz zu dem deutschen
[illegible] oder [illegible] belgischen Bier.
Ich gehe nur ganz kurz nach dem
Abendbrot essen u. danach sogleich
wieder ins Casino. Da die meisten
Herren sehr abgespannt sind, verläuft
der Abend jedoch ziemlich ruhig.
11 Uhr gehe ich schon nach Haus.

    28. Januar 1918

    Ich habe mich wieder gesund
schreiben lassen u. mache von
heute ab wieder Dienst. Da
gerade der [illegible] beginnt, übernehme ich ihn u. bin
von 9 - 11 u. Uhr [illegible] bei
Schanzieren.

    Abend bestellt mich H. [illegible]

von den Bayern ein Fäßchen bekommen haben. Das
ist wenigstens noch ein Bier, das man trinken kann
im Gegensatz zu dem deutschen Einheitsbier oder
gar belgischen Bier. Ich gehe nur ganz kurz nach
Haus Abendbrot essen und danach sogleich wieder
ins Kasino. Da die meiste Herren sehr abgespannt
sind, verläuft der Abend jedoch ziemlich ruhig. 11
Uhr gehe ich schon nach Haus.

28.Januar 1918

Ich habe mich wieder gesund schreiben lassen und
mache von heute ab wieder Dienst mit. Da gerade
der Gewehrführerkursus beginnt, übernehme ich
ihn und bin vorm. 9-11.15 und Nachm. 2-4 beim
Exerzieren. Abend bestellt mich H.Höhne

zu sich u. gibt mir einen neuen
Auftrag. Ich soll die Schützstellen
der M.G. in Gruppes u. Rz stellung
feststellen u. in die Karte eingezeichnet.
ner. 3 Tage habe ich dazu Zeit.

Im Kasino wird ein Doppelkopf
gespielt.

            29. Januar 1918.

Die heute morgen u. übermorgen
habe ich die Schützfelder der M.G. in
meinem Abschnitt festzustellen u. in
die Karte einzutragen. Da ich aber
das Gelände ganz genau kenne, gehe
ich gar nicht erst hinaus, sondern
zeichne die Schützfelder zu Haus
in die Karte ein.

Abend wird im Kasino ein Artillerie
spiel gespielt. Wenn wir fertig sind,
gehen wir Hesse, Mertens u. ich zu
mir, um 'Fellgner aus dem Bett zu haben.

zu sich und gibt mir einen neuen Auftrag. Ich
soll die Schußfelder der M.G. in Suippes und R3
Stellung feststellen und in die Karte einzeichnen.
3 Tage habe ich dazu Zeit. Im Kasino wird ein
Doppelkopf gespielt.

29.Januar 1918

Für heute, morgen und übermorgen habe ich
die Schußfelder der M.G. in meinem Abschnitt
festzustellen und in die Karte einzutragen. Da ich
aber das Gelände ganz genau kenne, gehe ich gar
nicht erst hinaus, sondern zeichne die Schußfelder
zu Haus in die Karte ein.
Abend wird im Kasino ein Artillerieskat gespielt.
Als wir fertig sind, gehen wir, Hesse, Mertens und
ich zu mir, um Fellgner aus dem Bett zu holen.

Suippe bei Pontfaverger

Dabei schüttet ihm einer etwas
Wasser ins Bett. Da wird wüthend,
bekommt einen Anfall u. wirft uns
alle zur Bude hinaus. Da er mir
nicht aufmacht, schlage ich eine
Fensterscheibe ein u. steige durch
das Fenster ein. Fellgner liegt in
meinem Bett. Als ich ihn 2 dicken
weggezogen habe, um ihn heraus zu
bekommen, bekommt er wieder ein
Anfall u. schlägt auf mich wie ein
wilder Drache los. Lärm kann man
nichts gegen ihn machen, da er die
Thür-Schließe-Griffe kennt, sondern
muß ihn austoben lassen. Schließlich
kann ich mich aber doch in mein
Bett legen.

1. Februar 1918.
Ich habe wieder den Gewehr
schrankschrub zu hüten. 9-11:15"

Dabei schüttet ihm einer etwas Wasser ins Bett. Da
wird er wütend, bekommt einen Anfall und wirft
uns alle zur Bude hinaus. Da er mir nicht aufmacht,
schlage ich eine Fensterscheibe ein und steige
durch das Fenster ein. Fellgner liegt in meinem
Bett. Als ich ihm 2 Decken weggezogen habe, um
ihn herauszubekommen, bekommt er wieder ein
Anfall und schlägt auf mich wie ein Wilder drauf
los. Leider kann man nichts gegen ihn machen, da
er die Tsjiu-Tsjitsu-Griffe kennt, sondern muß ihn
austoben lassen. Schließlich kann ich mich aber
doch in mein Bett legen.

1.Februar 1918

Ich habe wieder Gewehrführerkursus zu leiten.
9-11.15

exerzieren. Um 2 Uhr ab Scharfschießen
auf dem Schießstand an der Straße
Aussonce – Heutregiusville.

  2. Februar 1918.
Vorm. 9–11^{15} u. Nachm 2–4 Uhr exerzieren.
Nachmittag trifft der mein Batl. den
mancher J. Lgtn. Queck hier ein.
Im Kasino lernen wir ihn kennen.
Empfindend haben wir uns nicht
allzusehr nachschlagend bei dem [illegible].

  3. Februar 1918
Sonntag. – Nachmittag musizieren
ich mit dem Dr. im Kasino. Ab,
nachstend spiele ich Skat u. er Klavier
und dann er Violine u. ich Klavier.

  4. Februar 1918.
Da J. Lgtn. Beyer wegen M.G. Stände
abgeht, werde ich Vorm ½9 Uhr nach
Stand f. geschossen. Als er den Stand
besichtigt hat, rücke ich wieder ein.

Exerzieren. Von 2 Uhr ab Scharfschießen auf dem
Schießstand an der Straße Aussonce - Heutrégiville.

2.Februar 1918

Vorm. 9-11.15 und Nachm. 2-4 Uhr Exerzieren.
Nachmittag trifft der neue Batls.Kommandeur
H.Hauptmann Querk hier ein. Im Kasino lernen
wir ihn kennen. Anscheinend haben wir uns nicht
allzusehr verschlechtert bei dem Wechsel.

3.Februar 1918

Sonntag - Nachmittag musiziere ich mit dem Dr.
im Kasino. Abwechselnd spiele ich Flöte und er
Klavier und dann er Violine und ich Klavier.

4.Februar 1918

Da H.Hauptmann Beyer unsre M.G.Stände abgeht,
werde ich Vorm. ½9 Uhr nach Stand 7 befohlen.
Als er den Stand besichtigt hat, rücke ich wieder
ein.

Nachmittag 6 Uhr gehe ich mit H.
Köhne nach dem Vereinsschießstand in
die Bz Stellung. 8 Uhr sind wir zurück

5. Februar 1918.

Ich melde mich wieder wegen
meiner Füße krank, werde aber
vom Oberarzt zum Dienst geschrieben

6. Februar 1918.

H. Köhne befreit mich für drei
Wochen vom Dienst, damit ich meine
Füße ausheilen kann.

Nachmittag gehe ich nach La
Neuville zum Zahnarzt, der mir einen
Zahn zieht.

In der Nacht muss ich Posten
revidieren, da ich Lagerdienst habe.
Einmal revidiere ich nach Kasino-
schluss u. das 2. Mal um 1 Uhr. Die
Zwischenzeit habe ich geschlafen.

Nachmittag 6 Uhr gehe ich mit H.Höhne nach dem Bereitschaftsort in der R3 Stellung. 8 Uhr sind wir zurück.

5.Februar 1918

Ich melde mich wieder wegen meiner Fuß krank, werde aber vom Oberarzt zum Dienst geschrieben.

6.Februar 1918

H.Höhne befreit mich für diese Woche vom Dienst, damit ich meinen Fuß ausheilen kann. Nachmittag gehe ich nach La Neuville zum Zahnarzt, der mir einen Zahn zieht. In der Nacht muß ich Posten revidieren, da ich Lagerdienst habe. Einmal revidiere ich nach Kasinoschluß und das 2.Mal um 1 Uhr. Die Zwischenzeit habe ich gelesen.

La Neuville

7. Februar 1918

Abends spielen die Kr. ü. sy uns
von der Lazar. Musik einen Herzen,
flottschen Klarinettisten u. Harmisten
aus Bässino u. machen Kaffehaus-
musik.

9. Februar 1918

7 Uhr Abend hielt H. Riemann
im Soldatenheim einen Vortrag
über die Geschichte Rußlands. Zur
Umrahmung werden von der
Lazar. Musik einige Stücke gespielt,
vom Männerchor 4 Lieder gesungen,
und ich habe das Solo noch einmal
das ich zu Kaisers Geburtstag gespielt
habe.

10. Februar 1918

Der Sonntag verging ohne jedes
besondere Ereignis.

7.Februar 1918

Nachm. holen der Dr. und ich uns von der Batls.
Musik einen Geiger, Flötisten, Klarinettisten
und Hornisten ins Kasino und machen
Kaffeehausmusik.

9.Februar 1918

7 Uhr Abend hält H.Riemann im Soldatenheim
einen Vortrag über die Geschichte Rußlands. Zur
Umrahmung werden von der Batls.Musik ein
paar Stücken gespielt, vom Männerchor 4 Lieder
gesungen und ich blaß das Solo noch einmal, das
ich zu Kaisers Geburtstag gespielt habe.

10.Februar 1918

Der Sonntag vergeht ohne jedes besonderen
Ereignis.

11. Februar 1918.

Morgen gehe ich zu den im Bau befindlichen Unterständen. Der Dienst beginnt wieder.

Nachm. gehe ich mit Dr. Märtens nach Meisel-Sepsinay, wo er einen bekannten Offizier besucht. Dort erfahren wir den Friedensschluss mit ganz Russland.

12. Februar 1918

Fastnacht. – Abends 8 Uhr ver- sammeln sich sämtliche Herren die im Lager sind, im Kasino. Jeder trägt eine Langemmütze. Ich habe mich einen Zylinderkrempe eine feldmütze gestülpt u. habe einen Hut, Schnurbart u. Schürze angezogen. Mitternacht wird ein Arbeiter u. Schlekhuret ausgeführt. Auch Schluss wird der Oberarzt u. Dr. Eichler eingegraben.

11.Februar 1918

Vorm. gehe ich zu den im Bau befindlichen
Unterständen. Der Dienst beginnt wieder. Nachm.
gehe ich mit Dr. Märtens nach Ménil-Lepinois, wo
er einen bekannten Offizier besucht. Dort erfahren
wir den Friedensschluß mit ganz Rußland.

12.Februar 1918

Fastnacht - Abend 8 Uhr versammeln sich
sämtliche Herren die im Lager sind, im Kasino.
Jeder trägt eine Lanzermütze. Ich habe auf eine
Zylinderkrempe eine Feldmütze gestülpt und
habe eine Fleischerjacke und Schürze angezogen.
Mitternacht wird ein Arbeiter und Soldatenrat
eröffnet. Nach Schluß wird der Oberarzt und Lt.
Eichler eingegraben.

... mit keinem Schaden ver-
waffnet ziehen wir los u.
ziehen einer mächtigen Zukunft
froh vor die Türen der beiden.

14. Februar 1918

Als ich zu dem M. G. K. J. komm-
me, läuft dort ein herrenloser
Hund herum. Ich pfeife ihn.
Er kommt auch u. geht dann
mit mir. Er ist ein echter
Dobermann. Als er ein Kaninchen
sieht, hört auf mein Rufen u.
Sprechen u. jagt los, sodaß ich
ihm nachgehen muß. Vor einem
Kaninchenloch steht er u. will dann
nicht mehr fort. Leider habe ich
keinen Schaden, sonst holte ich mir
das Kaninchen heraus.

Abend kommt H. Petzold von
Tagung zurück, wo er d. Morgen

Jeder mit einem Spaten bewaffnet ziehen wir los
und schippen einen mächtigen Haufen Erde vor die
Türen der beiden.

14.Februar 1918

Als ich zu dem M.G.Stand 7 komme, läuft dort ein
herrenloser Hund herum. Ich pfeife ihn. Er kommt
auch und geht dann mit mir. Er ist ein echter
Dobermann. Als er ein Kaninchen sieht, hört auf
beim Rufen und Pfeifen und sauft los, sodaß ich
ihm nachgehen muß. Vor einem Kaninchenloch
steht er und will dann nicht mehr fort. Leider
habe ich keinen Spaten, sonst holte ich mir das
Kaninchen heraus.
Abend kommt H.Petzold von Thugny zurück, wo er
4 Wochen

Artilleristen am M.G. ausgebildet,
den ganzen Tag.

16. Februar 1918.

Abend 7 Uhr hält H. Pinkert im Soldatenheim einen Vortrag über: "Ein
Jahr uneingeschränkter U-Boot Krieg." Die
Kapelle spielt ein paar Stücke. Der Männerchor singt zwei Lieder.

18. Februar 1918.

Abend 6 Uhr gehe ich nach Aussonce in den Wintergarten, wo
"bunter Abend" ist. Es ist ein schlechtes
Kabarett. Aber man ist froh, daß man
mal etwas Anderes singt.

19. Februar 1918.

Mittags 2-3 Uhr bade ich in Aussonce
u. gehe danach in den Wintergarten, wo
"Heimscharfsinn dienen gespielt" gegeben
wird. Heute spielt sie viel anders heute
als gestern. Es wird flott gespielt, sodaß

Artilleristen am M.G. ausgebildet hat.

16.Februar 1918

Abend 7 Uhr hält H.Pinkert im Soldatenheim einen
Vortrag über Ein Jahr unbeschränkten U-Boot
Krieg. Die Kapelle spielt ein paar Stücken. Der
Männerchor singt zwei Lieder.

18.Februar 1918

Abend 6 Uhr gehe ich nach Aussonce in den
Wintergarten, wo 'Bunten Abend' ist.
Es ist ein schlechtes Variété. Aber man ist froh, daß
man mal etwas Andres sieht.

19.Februar 1918

Nachm. 2-3 Uhr bade ich in Aussonce und gehe
danach in den Wintergarten, wo 'Herrschaftlicher
Diener gesucht' gegeben wird. Heute spielt eine
andere Truppe als gestern. Es wird flott gespielt,
sodaß

man wenigstens einen kleinen
Genuss hat.

20. Februar 1918.

Morgen gehe ich mit H. Pinkert
in Hellung, um einen Wasserstand
aufzuzeichnen. Dabei unterrichtet mi-
mein Freund. Da ich ihm nicht
nachgehen kann, ist er für mich
verschwunden.

22. Februar 1918.

Da heute schlechtes Wetter ist,
gehe ich nicht in Hellung. Eigentl.
lich wollte ich meinen Kommilitonen
Wachs im Moskwa-Lager besuchen,
lasse es aber noch wegen des schlechten
Wetters.

23. Februar 1918.

Da der Boden ganz aufgeweicht
ist, macht es keinen Spaß, im Gelände herumzuziehen.

man wenigstens einen kleinen Genuß hat.

20.Februar 1918

Vorm. gehe ich mit H.Pinkert in Stellung, um einen
neuen Stand auszusuchen. Dabei entwischt mir
mein Hund. Da ich ihm nicht nachgehen kann, ist
er für mich verschwunden.

22.Februar 1918

Da heute schlechtes Wetter ist, gehe ich nicht
in Stellung. Eigentlich wollte ich meinen
Kommilitonen Wachs im Mudra-Lager besuchen,
lasse es aber auch wegen des schlechten Wetters.

23.Februar 1918

Da der Boden ganz aufgeweicht ist, macht es
keinen Spaß, im Gelände herumzulaufen.

Abend hält Herr Riemann im
Soldatenheim einen Vortrag über
die Entstehung Deutschlands nach den
russischen Geheimverträgen.
25. Februar 1918.
Ich gehe Morgens zu den im Lazarett
beschäftigten Unterständen. Klagen.
4-5 Aufsicht beim Spazieren. Diese
Woche habe ich wieder eine wöchent-
liche von 5¹⁵-6 Uhr eine Unterricht
über Sprachlehre zu halten.
26. Februar 1918.
Da ich Lagerdienst gehabt habe,
gehe ich heute nicht fort.
27. Februar 1918.
Abend bekomme ich den Auftrag
für einen Regts. Abschnitt M.G. Stände
aufzuzeichnen.
28. Februar 1918.
Morgens ½9 - ½10 Aufsicht beim Spazieren

Abend hält Herr Riemann im Soldatenheim einen Vortrag über die Aufteilung Deutschlands nach den russischen Geheimverträgen.

25.Februar 1918

Ich gehe Vorm. zu den im Bau befindlichen Unterständen. Nachm. 4-5 Aufsicht beim Exerzieren. Diese Woche habe ich wieder wie vorige Woche von 5.15-6 Uhr den Unterricht über Schießlehre zu halten.

26.Februar 1918

Da ich Lagerdienst gehabt habe, gehe ich heute nicht fort.

27.Februar 1918

Abend bekomme ich den Auftrag für einen Regts. Abschnitt M.G.Stände auszusuchen.

28.Februar 1918

Vorm. ½9-½10 Aufsicht beim Exerzieren.

Nach dem Essen gehe ich gleich
nach der Rz Stellung, wo in 2 km
Nähe vom K. Graben 23 M.G. Stände
ausschürfe. Ich habe Glück, da mein
Abschnitt nicht weit vom Lager u.
nicht sehr breit ist.

Abend kommt Befehl, daß die
Arbeiten in der Rz Stellung einzustellen sind. Die Truppen, die dort
gearbeitet haben, sind marschbereit.
Da ärgere ich mich daß ich heute
Nachmittag so ein Gelände haben,
gehaußt bin u. schon alles erledigt
haben.

1. März 1918
Morgen gehe ich meinen Kästen.
Nachm. 4 Uhr kommt Befehl, daß
die M.G. Stände weiter ausgehoben
sind. Nun bin ich froh daß ich es
schon gemacht habe. Für die Schützen

Nach dem Essen gehe ich gleich nach der R3
Stellung, wo im 2 km Tiefe vom K1 Graben 23
M.G.Stände aussuche. Ich habe Glück, da in ein
Abschnitt nicht weit vom Lager und nicht sehr breit
ist. Abend kommt Befehl, daß die Arbeiten in der
R3 Stellung einzustellen sind. Die Truppen, die
dort gearbeitet haben, sind marschbereit. Da ärgere
ich mich, daß ich heute Nachmittag so im Gelände
herum gesaust bin und schon alles erledigt habe.

1.März 1918

Vorm. glucke ich meinen Kaffee. Nachm. 4
Uhr kommt Befehl, daß die M.G.Stände weiter
auszusuchen sind. Nun bin ich froh, daß ich es
schon gemacht habe. Nur die Schilden

sind noch aufzustellen.

Im Casino wage ich allgemein
festzustellen, als ich mit dem Fernglas
...

3. März 1918.

Sonntag. Morg. 8-12 Uhr war
ich mit H. Hoennig u. Höhne in die Rz
Stellung um die Schilder aufzusetzen.

4. März 1918.

Ich führe 25 Mann in die Rz Stellung
bis nach Bethenville, wo sie Aufräumungsarbeiten machen sollen.

Es stürmt u. schneit heftig.

5. März 1918.

Ich bleibe zu Haus u. halte mir
Mrgm. von 5¹⁵-6 Unterricht.

6. März 1918.

Morg. gehe ich mit 5 Mann in
die Rz Stellung, um an Stelle der
am Sonntag gesetzten Schilder, andere

sind noch aufzustellen. Im Kasino errege ich allgemeines Erstaunen, als ich mit dem Einglas erscheine.

3.März 1918

Sonntag. Vorm. 8-12 Uhr reite ich mit H.Hornig und Höhne in die R3 Stellung, um die Schilden aufzusetzen.

4.März 1918

Ich führe 25 Mann in die R3 Stellung bis nach Betheniville, wo sie Aufräumungsarbeiten machen sollen. Es stürmt und schneit heftig.

5.März 1918

Ich bleibe zu Haus und halte nur Nachm. von 5.15-6 Unterricht

6.März 1918

Vorm. gehe ich mit 5 Mann in die R3 Stellung, um an Stelle der am Sonntag gesetzten Schilden, andere

...ziffrig nummerierte Schilder zu
suchen.

7. März 1918.

Ich bleibe zu Haus u. halte als
einzigen Dienst Morgen. der Leute,
richt.

8. März 1918.

Vorm. ½ 8 Uhr gehe ich zur Feldbahnstation Grünewald um von da
mit der Feldbahn nach Neuflize zu
fahren. Da der nächste Zug erst
Mittag geht, laufe ich zunächst
ins Haeseler-Lager um meinen
Kommilitonen Wache zu besorgen.
Ich bleibe eine Stunde bei ihm u.
gehe dann weiter nach Aliscourt,
wo ich zu meiner fliegen Abtlg. gehe.
F. Jgter. Schröder erteilt mir auch
die Erlaubnis, einmal mitzufliegen.
H. v. Althaus nimmt mich mit in

richtig nummerierte Schilden zu setzen.

7.März 1918

Ich bleibe zu Haus und halte als einzigen Dienst Nachm. den Unterricht.

8.März 1918

Vorm. ½8 Uhr gehe ich zur Feldbahnstation Grünewald, um von da mit der Feldbahn nach Neuflize zu fahren. Da der nächste Zug erst Mittag geht, laufe ich zunächst ins Haeseler-Lager, um meinen Kommilitanen Wachs zu besuchen. Ich bleibe eine Stunde bei ihm und gehe dann weiter nach Alincourt, wo ich zu einer Flieger Abtg. gehe. H.Hauptmann Schröder erteilt mir auch die Erlaubnis, einmal mitzufliegen. Lt. v. Althaus nimmt mich mit in

die Luft. Es ist herrlich. Ich habe
nicht die geringsten Beschwerden.
Wir fliegen 800 m hoch u. gehen
dann im Spiralgleitflug hinunter.
Dabei erlebe ich eine optische
Täuschung. Es sieht so aus als ob
sich das Flugzeug um das Ende
der inneren Tragfläche dreht, während
es einen großen Bogen macht.

Nach Alincourt gehe ich nachmittags
esse dort Mittag u. fahre dann mit
der Feldbahn zurück.

Als ich abend mit nach einigen Herren
im Kasino sitze, werde ab auch einmal
nach Haus. Auf unerklärliche Art ist eine
Kurzgetan ins Kasino gebracht worden
u. vertreibt uns. Bei Dr. Mertens trinken
Hesse, Hellguer u. ich bis 3 Uhr weiter.

9. März 1918

Ich reiche mein Gesuch um Versetzung

die Luft. Es ist herrlich. Ich habe nicht die
geringsten Beschwerden. Wir fliegen 800 m hoch
und gehen dann im Spiralgleitflug hinunter. Dabei
erlebe ich eine optische Täuschung. Es sieht so aus
als ob sich das Flugzeug um das Ende der inneren
Tragfläche dreht, während es einen großen Bogen
macht. Von Alincourt gehe ich nach Neuflize,
esse dort Mittag und fahre dann mit der Feldbahn
zurück.
Als ich Abend mit noch einigen Herren im
Kasino sitze, riecht es auf einmal nach Gas. Auf
unerklärliche Art ist eine Reizpatrone ins Kasino
gebracht worden und vertreibt uns. Bei Dr. Märtens
trinken Hesse, Fellgner und ich bis 3 Uhr weiter.

9 März 1918

Ich reiche mein Gesuch um Versetzung

Links: Lt. Egbert von Althaus - Fliegerabteilung (A) 272

zu den Fliegern ein.

Im Soldatenheim spiele ich ein Notturno
von Chopin u. Walzer von Kremser.

11. März 1918.

Mittag hole ich mir die Platzmusik
in freien Zustand bei J. Petzold ein.
Nachmittag besuche ich mit Dr. Mörkes
g. Seegnitz im Garnison Lager.

12. März 1918.

Da am Nachmittag ein patrouillenunternehmen gemacht werden soll,
sind zur Abwehr feindlicher Flieger
mehrere Jagdstaffeln hergekommen,
die alle bei Aussance landen. Nachmittag
gehe ich hinunter u. sehe mir die
Apparate an.

14. März 1918.

Nachmittag ist im Wintergarten
in Aussance Cabaret. Es ist erstklassig
nicht ganz nett.

zu den Fliegern ein. Im Soldatenheim spiele ich ein
Nocturne von Chopin und Walzer von Kremer.

10.März 1918

Mittag höre ich mir die Platzmusik im Freien
sitzend bei H.Petzold an. Nachmittag besuche ich
mit Dr. Märtens H.Seegnitz im Torgauer Lager.

12.März 1918

Da am Fichtelberg ein Patrouillenunternehmen
gemacht werden soll, sind zur Abwehr feindliche
Flieger mehrere Jagdstaffeln hergekommen, die alle
bei Aussonce landen. Nachmittag gehe ich hinunter
und sehe mir die Apparate an.

14.März 1918

Nachmittag ist im Wintergarten in Aussonce
Cabaret. Es ist ausnahmsweise ganz nett.

24. März 1918.

Hatten 2 – 8 Uhr Alarmbereitschaft.

26. März 1918.

Morgen 3¼ fahren ich nach Rethel. Abend geh ich ins Theater. (Zum Einsiedler u. Lot, ihrem Geburtstag.)

27. März 1918

Morgen gehe ich zur Untersuchung, bin nicht tauglich zum Fliegen. Morgen fahre ich zurück.

29. März 1918

Karfreitag. Es wird nicht gearbeitet.

31. März 1918

1. Osterfeiertag. Morgen gehen ich mit d. Mertens ins Kino nach Aussonce.

1. April 1918.

2. Osterfeiertag. Es wird gearbeitet.

4. April 1918

Cabaret im Weingarten Aussonce

24.März 1918

Nachm. 2-8 Uhr Alarmbereitschaft.

26.März 1918

Nachm. 3.24 fahre ich nach Rethel. Abend gehe ich ins Theater. (Zum Einsiedler und Lottchens Geburtstag)

27.März 1918

Vorm. gehe ich zur Untersuchung, bin nicht tauglich zum Flieger. Nachm. fahre ich zurück.

29.März 1918

Karfreitag. Es wird nicht gearbeitet.

31.März 1918

1.Osterfeiertag. Nachm. gehe ich mit Dr. Märtens ins Kino nach Aussonce.

1.April 1918

2.Osterfeiertag. Es wird gearbeitet.

4.April 1918

Cabaret im Wintergarten Aussonce.